Täglich zu Tiffany

• *Christine Weiner*, Jahrgang 1960 ist Diplombetriebswirtin und arbeitet als Journalistin und Autorin.

• *Carola Kupfer,* Jahrgang 1964, arbeitet als Ghostwriterin und Hörbuchredakteurin.

Beide beraten seit Jahren zu Themen des Self-Development, auch in Seminaren und haben bereits mehrere erfolgreiche Ratgeber für Frauen verfasst. 2006 erschien von ihnen bei Campus »Das Pippilotta-Prinzip«.

Christine Weiner, Carola Kupfer

Täglich zu Tiffany

Vom Vergnügen, anders zu sein

Campus Verlag
Frankfurt/New York

Bibliografische Information der Deutschen Bibliothek:
Die Deutsche Bibliothek verzeichnet diese Publikation in der Deutschen Nationalbibliografie. Detaillierte bibliografische Daten sind im Internet über http://dnb.ddb.de abrufbar.
ISBN 978-3-593-38229-6

Das Werk einschließlich aller seiner Teile ist urheberrechtlich geschützt. Jede Verwertung ist ohne Zustimmung des Verlags unzulässig. Das gilt insbesondere für Vervielfältigungen, Übersetzungen, Mikroverfilmungen und die Einspeicherung und Verarbeitung in elektronischen Systemen.
Copyright © 2007 Campus Verlag GmbH, Frankfurt/Main
Umschlaggestaltung: R. M. E, Roland Eschlbeck und Rosemarie Kreuzer
Umschlagmotiv: Ruth Botzenhardt
Innenillustrationen: grimm.design, Düsseldorf
Satz: Fotosatz L. Huhn, Linsengericht
Druck und Bindung: Druck Partner Rübelmann, Hemsbach
Gedruckt auf säurefreiem und chlorfrei gebleichtem Papier.
Printed in Germany

Besuchen Sie uns im Internet: www.campus.de

»Ich habe eine
prima Idee:
Wir tun heute
einmal alles das,
was wir noch nie
getan haben.«

Inhalt

Vorwort 9

»Nicht, dass ich mir etwas aus Schmuck mache – höchstens aus Brillanten natürlich«
oder: Film und Mythos 15

»Moon river and me«
oder: Wie Vorbilder wirken 22

»Was ein Mann wirklich von einer Frau denkt, erkennt man an den Ohrringen, die er ihr schenkt«
oder: Jede Frau wirkt! 47

»Ich bin in New York, weil ich noch nie in New York war«
oder: Wie Sie frischen Wind in Ihr Leben bringen 78

»Es ist ganz nützlich, wenn man überall für verrückt gehalten wird«
oder: Vom Vergnügen, anders zu sein 125

»Sie waren süß! Ohne Sie wäre ich nie fertig geworden!«
oder: Warum Freunde und Netzwerke so wichtig sind . . 152

»Was sind Sie eigentlich?« »Ich glaube Schriftsteller«
»Sie glauben es? Wissen Sie es nicht?«
oder: Wie Sie verborgene Stärken entdecken 163

»Wenn ich irgendwo ein Fleckchen finde, wo ich
dasselbe Gefühl habe wie bei Tiffany ... «
oder: Innere Freiräume entdecken 180

Den Film ins Leben holen 202

Nachwort 204

Register 205

Vorwort

Ein schwarzes Kleid, eine Perlenkette, ein gekonnter Augenaufschlag und eine Zigarettenspitze, und jeder weiß, wer gemeint ist: Holly Golightly alias Audrey Hepburn. Von Postern lächelt sie herab, auf zahlreichen Buch- und Zeitungscovern findet man ihre elegante Silhouette – und ihr unverwechselbarer Augenaufschlag schmückt Kaffeebecher, Handtaschen und Tagebücher. Eine Roman- und Filmfigur, die sich verselbstständigt hat. Sie wurde zu einer zeitlosen Stilikone, also etwas, das es in unserer von schnellen Trends geprägten Zeit kaum mehr gibt. Sie ist ein Phänomen und ein Mythos: jung, schön, eigensinnig und unglaublich sexy, ohne nackte Haut zu zeigen. Sie ist erstaunlich individuell, ohne auf Biegen und Brechen mit schriller Kleidung auf sich aufmerksam zu machen. Dabei gleichzeitig begehrenswert und mädchenhaft, Männer verschlingend und schutzbedürftig – kurz: eine gekonnte Mischung aus vielen Träumen und Bildern, die Frauen und Männer schon immer beschäftigen.

Das Erstaunliche daran ist das Durchhaltevermögen dieser ungewöhnlichen Stilikone: Seit sie Anfang der 60er Jahre weltweit das gesellschaftliche Parkett betreten hat, ist sie von dort nicht mehr wegzudenken. Weder die Hippies der 70er Jahre, noch die Disco-Welt der 80er oder die computergeprägten 90er Jahre konnten dieses zierliche junge Ding im kleinen Schwarzen aus unseren Köpfen vertreiben.

Heute feiert sie geradezu ein Revival. Plötzlich ist sie wieder überall: Ihr Kleidungsstil – der letzte Schrei auf jeder Party. Ihre tiefschwarz getuschten Wimpern – ein Muss für jedes Make-up. Die Perlenkette – schon Teenies tragen sie als unechte Imitate. Der dem Film zugrunde liegende Roman von Truman Capote wurde neu verlegt, und das Leben der sie verkörpernden Schauspielerin in der x-ten Version dokumentiert. Und alle schauen hin: die Generation unserer Großmütter und Mütter, die mit ihr erwachsen wurde. Wir, die wir seither so viele Trends mitgemacht haben, ohne sie dabei zu vergessen. Und unsere Töchter, die zwar eigentlich in tief hängenden Jeans herumlaufen, doch trotzdem gern in Ballerinas durch die Gegend tänzeln.

Das alles sind Gründe, über das Phänomen nachzudenken. Wir sind dabei nicht nur einer erstaunlichen Filmfigur näher gekommen, sondern auch uns selbst und diese Erfahrung möchten wir gern weitergeben – stilvoll und ein wenig exzentrisch, versteht sich.

Die Idee zu diesem Buch entstand, wie die schönsten Ideen und Geschichten immer zum Leben erweckt werden: im trauten Kreis lieber Menschen. Wir planten mit unseren engsten Freundinnen einen wunderbaren Kinoabend im Wohnzimmer.

Für Pizza, Popcorn und guten Wein hatte die Gastgeberin gesorgt. Von vornherein stand für uns alle fest, dass wir einen Filmklassiker sehen wollten. Jede brachte also ihren Lieblingsfilm mit. Für Christine war dies *Das Feld der Träume*, für Julia *Über den Dächern von Nizza*, Barbara wollte unbedingt wieder einmal *Vom Winde verweht* sehen, und Sophia wünschte es sich skurril und hatte *Trio Infernal* mitgebracht.

Mitten in diesem Durcheinander legte Carola *Frühstück bei Tiffany* auf den Tisch. Ein freudiges Juchzen ging durch den Raum, und alle anderen Filme waren schnell zur Seite geschoben. Ja, das war das Richtige für diesen Abend: die zarte

Audrey Hepburn als liebenswert-exzentrische Holly Golightly mit ihrem Kater ohne Namen und dem unvergleichlich elegant-glamourösen Stil.

»Der Film ist wunderbar, den schauen wir uns an!«, entschied Barbara für uns alle, und so tauchten wir ein in die Welt der 60er Jahre. Wir lachten und litten mit Holly Golightly, wir träumten und feierten mit ihr – und nach einem gelungenen Hollywood-Happy-End kehrten wir tief berührt, aber auch etwas verwundert aus dem verregneten New York ins heimische Wohnzimmer zurück.

Was war da gerade mit uns geschehen? Wir hatten den Weg der bezaubernden Holly mitverfolgt und eine tiefe Sehnsucht empfunden, die über den Film hinweg im Raum spürbar hängen blieb. Jede von uns fühlte ein Sehnen nach ... – ja, wonach eigentlich? Ein unbestimmter Traum von mehr Leichtigkeit im Leben, von Abenteuerlust und Erlebniskitzel, von Stil und Glamour hatte begonnen uns zu verzaubern und brachte uns gleichzeitig zum Nachdenken.

Diese Figur, diese wunderbar kindlich-anspruchsvolle Holly Golightly, ließ uns nicht mehr los. Sie hatte mehr Liebhaber als Ringe an den Fingern und wirkte doch einsam und verlassen; sie war verwegen, wagemutig, draufgängerisch – und doch gleichzeitig zerbrechlich und naiv-anrührend. Einfach faszinierend und bezaubernd.

Noch am nächsten Tag dachte jede von uns immer wieder einmal an den Film zurück: Julia suchte ihr kleines Schwarzes hervor, Christine trug eine Perlenkette, Carola steckte ihre Haare kunstvoll hoch und Barbara schrieb ein wunderschönes (und tief melancholisches) Gedicht. Wir waren in die Welt der Holly Golightly eingetaucht und schlenderten mit ihr traumverloren durch die New Yorker Filiale des Juweliers Tiffany.

Den Traum ins Leben holen

Es gibt Menschen, die scheinen uns ganz nah und vertraut, obwohl wir sie gar nicht persönlich kennen. Manchmal ist sogar gleichgültig, ob dieser Mensch noch lebt, und manchmal kann er sogar reine Fiktion sein: eine Märchenfigur, eine Frau auf einem bestimmten Bild, eine Figur aus einem Film – sie können uns zu Schwestern werden. Ihr Name fällt, und schon steigen vor unserem inneren Auge klar umrissene Bilder auf, vielleicht sogar ganze Geschichten. Wir fühlen uns zu dieser Figur hingezogen, fühlen uns mit ihr verbunden.

So ergeht es uns und vielen anderen Frauen mit Holly Golightly, gespielt von der unvergleichlichen Audrey Hepburn in dem weltbekannten Film *Frühstück bei Tiffany*. Diese Figur fasziniert Frauen (und Männer) nun schon in der dritten Generation. Offenbar finden wir uns alle ein wenig in ihr wieder. Sie weckt unsere Träume und Sehnsüchte nach einem anderen Leben, nach Leichtigkeit und Lebensfreude, nach Stil und Charme, aber auch nach Liebe und Geborgenheit. Träume und Sehnsüchte, die nur darauf warten, erfüllt zu werden. Reflektiert man den Filmgenuss genau, so bleiben jedoch seltsamerweise vom Film nur wenige Bilder und Szenen im Gedächtnis haften. Sehr viel intensiver aber können sich die meisten Menschen an ihre Gefühle und vagen Wünsche erinnern, die sie mit dem Film verbinden.

Uns, die Autorinnen dieses Buches, hat genau dieser Aspekt mehrere Tage lang sehr beschäftigt. Schließlich lieben wir nichts mehr, als den Spuren interessanter Frauen nachzugehen. Was berührt uns an Holly Golightly, dieser exzentrisch-süßen Traumgestalt, die doch auch Dinge tut, die wir moralisch verurteilen? Was macht sie zum bewunderten und verehrten Mythos?

Sind es bestimmte Eigenschaften? Werden bestimmte Saiten in uns angeschlagen und ganz spezifische Träume geweckt? Welche Facetten ihrer Persönlichkeit ziehen uns in ihren Bann? Wenn wir die Wünsche und Sehnsüchte benennen könnten, hätten wir vielleicht die Möglichkeit, diese Träume in unser Leben zu integrieren und zu erfüllen – welch eine wundervolle Idee.

Wir begannen also zu recherchieren und zu überlegen. Dabei gerieten wir uns in schönster Regelmäßigkeit in die Haare, wenn wir beschreiben wollten, wer oder was Holly eigentlich »ist«. Jede von uns hatte andere Facetten dieser Figur entdeckt – und jede hatte andere Träume und Sehnsüchte in sich verspürt. Vielleicht hatten wir damit ja schon den ersten Punkt entdeckt: Jede Frau erkennt in Holly etwas von sich selbst – von ihren geheimen Wünschen, ihren versteckten Visionen. Und weil die Figur so widersprüchlich ist, lässt sie viel Raum für den ganz persönlichen Blick auf das, was sie ausmacht.

Doch in manchen Dingen waren wir uns auch sehr einig: der Stil, der Glamour, die Leichtigkeit, die Selbstsicherheit und Unbekümmertheit – das macht uns zu Bewunderern dieser liebenswerten jungen Frau. Mit ihrem zauberhaften Auftreten und ihrer charmanten Ausstrahlung regt sie uns an, über ein anderes Leben nachzudenken. Und sie schenkt uns die Idee, unsere Träume in unser Leben hereinzuholen.

Das Ergebnis unserer Recherchen halten Sie in den Händen. Ein Buch, das zeigt, wie wir uns und unsere Möglichkeiten neu entdecken können. Eine Anregung, die uns dabei unterstützt, nach und nach unsere Einzigartigkeit zu erkennen. Eine Ermunterung, Charme und Lebensfreude in unseren Alltag zu integrieren – für ein tägliches Frühstück bei Tiffany.

Wir hatten eine enorme Freude daran, in die Glamour-Welt der Holly Golightly einzutauchen. Kommen Sie mit uns und lassen Sie uns gemeinsam auf Perlensuche gehen.

»Nicht, dass ich mir etwas aus Schmuck mache – höchstens aus Brillanten natürlich«

oder: Film und Mythos

Frühstück bei Tiffany gehört zu den wenigen Filmen, die beinahe jeder Mensch kennt. Wahrscheinlich brauchen wir auch Ihnen kaum noch etwas über den Film und seine Hauptfigur zu erzählen – allein der Titel reicht, damit Sie Audrey Hepburn in dieser Rolle sehen: eine zierliche junge Frau mit unwiderstehlich unschuldigem Blick, die mit kokett-fragendem Augenaufschlag grazil über den oberen Rand ihrer Sonnenbrille lächelt oder im kleinen Schwarzen vor den Schaufensterauslagen von Tiffany ein Croissant aus einer Papiertüte angelt und an ihrem Kaffee im Pappbecher nippt. Nahezu gleichzeitig stellt sich die Erinnerung an die helle (Synchron-)Stimme ein. Wir fühlen uns augenblicklich in eine ganz bestimmte Stimmung versetzt: ein bisschen wehmütig, ein wenig verträumt, ganz dem Alltag entrückt.

Sicherlich kennen auch Sie diese Bilder aus dem Film. Doch würden wir Sie jetzt nach der konkreten Handlung fragen, dann könnten Sie wahrscheinlich lediglich in Bruchstücken wiedergeben, worum es geht. Alle kennen den Film, und doch erinnert sich niemand daran, was tatsächlich passiert. Das ist das ganz Besondere an diesem Film, haben wir bei unseren Recherchen immer wieder festgestellt.

»Wie war das noch einmal …?«, fragten sich unsere Interviewpartnerinnen – und dann fielen ihnen nach und nach verschiedene Versatzstücke ein: die extrem lange Zigarettenspitze, das hochgesteckte Haar, die wunderbaren Hüte, das elegante kleine Schwarze. Aber die Handlung – die konnte uns keine unserer Gesprächspartnerinnen von Anfang bis Ende erzählen.

Bestimmt tauchen nun auch bei Ihnen weitere Momentaufnahmen vor Ihrem inneren Auge auf, einzelne Szenen und Gesprächsfetzen: der Kater ohne Namen, die ausgelassene Party, die langen schwarzen Handschuhe und eine bezaubernde Frau, die scheinbar mühelos alle gesellschaftlichen Konventionen sprengt, um ihren Traum zu verwirklichen. Exzentrisch, doch liebenswert, anspruchsvoll und natürlich, beeindruckend und unvergesslich.

Der Inhalt des Films

Der Film *Frühstück bei Tiffany* schildert die Geschichte der jungen Frau Holly Golightly, die als Single im New York der 60er Jahre lebt. Erzählt wird die Handlung aus der Perspektive des Schriftstellers Paul Varjak, einem Nachbarn Hollys, der sich in die hübsche Frau verliebt und ihre Eskapaden beobachtet.

Und diese sind reichlich: Für einen Mafiaboss schmuggelt sie ahnungslos verschlüsselte Nachrichten aus dem Gefängnis, von ihren zahlreichen Verehrern lässt sie sich zum Essen ausführen – und stets 50 Dollar »für die Toilettenfrau« in die Hand geben –, ihre Nachbarn quält sie mit ausgelassenen nächtlichen Partys.

Das alles tut sie, um einen Millionär zu finden, der sie heiratet und von Armut sowie Sorgen erlöst. Dabei geht es ihr nicht allein um sich selbst, sondern sie hofft auch, auf diese

Weise ihren Bruder Fred zu versorgen, für den sie sich verantwortlich fühlt.

Nicht Liebe ist es also, was Holly sucht, sondern ein warmes Zuhause und Schutz – und das kann ihr am besten ein Mann bieten, der das mitbringt, was Holly als notwendig für die Absicherung erachtet: Geld. Paul, der arme Poet, hat von Anfang an keine Chance bei Holly. Doch auch Paul, der seit Jahren unter einer Schreibblockade leidet, sucht finanzielle Sicherheit und findet sie bei einer großzügigen Mäzenin, mit der er gelegentlich das Bett teilt.

Während Paul staunend – manchmal traurig-eifersüchtig, aber immer erfüllt von warmer Zuneigung und Freundschaft – das wilde Treiben seiner unschuldig-verderbten Nachbarin beobachtet, entdeckt er unter deren selbstbewusster Maske nach und nach die zarte, verletzliche Frau, die von Heimat und Geborgenheit träumt. Ein Symbol für den Ort ihrer Sehnsucht ist für Holly der Juwelier Tiffany. Hier findet sie die Ruhe und die Sicherheit, die sie im Leben vergeblich sucht.

Eines Tages muss Paul feststellen, dass Holly nicht ausschließlich dieses bezaubernde Wesen ohne Vergangenheit und mit großen Zukunftsträumen ist, das er bislang in ihr gesehen hat: Er lernt Hollys Exmann kennen, einen gutmütigen und sehr viel älteren Landarzt aus einem Provinznest in Texas, und erfährt, dass Holly, die eigentlich Lulamae heißt, einst vor Ehe, Familie, Eintönigkeit und Langeweile flüchtete.

Diese überraschenden Neuigkeiten charakterisieren das Mädchen Holly sehr gut: Man glaubt, die junge Frau zu durchschauen, doch dann entdeckt man eine weitere Facette an ihr – und wie bei einer russischen Matroschka-Puppe verbirgt sich in Holly immer noch eine weitere Holly und in dieser noch eine und wiederum eine, bis ganz zum Schluss ein kleines zerbrechliches Püppchen sichtbar wird, das sich ängstlich vor der Welt verstecken möchte.

Der Film endet – wie alle US-amerikanischen Liebesfilme – versöhnlich und mit Happy End: Holly erkennt am Schluss den Wert der wahren Liebe und entscheidet sich für Paul. In einer herzbewegenden, großen (und sehr kitschigen) Szene finden Holly, Paul und der Kater im Regen zusammen.

Geschichte und Mythos

Der Film schließt mit einer wirklich gelungenen Szene, die so gut wie jeden – Frauen wie Männer – zu Tränen rührt. In der literarischen Vorlage ist dieser glückliche Ausgang nicht zu finden. Auf eine sehr geschickte Weise beginnt der Roman mit dem Ende des Films, der Geschichte. Aber lesen Sie selbst... Der Kurzroman *Frühstück bei Tiffany* stammt von niemand anderem als vom großen Truman Capote.

Er wollte allerdings mehr schreiben als nur eine romantische Geschichte über den Weg zur Liebe. Ihm ging es weit stärker um eine Abrechnung mit der oberflächlichen, verlogenen und materialistischen Welt der oberen Zehntausend im New York der Nachkriegszeit. Der Roman ist als Erinnerung Pauls an Holly geschrieben, der sich am Ende fragt, wo sie wohl sein mag – die Frau, mit der er einmal im selben Haus in New York lebte und die dann, nach einem sehr ausgelassenen, glamourösen und bunten Leben, eines Tages nach Südamerika verschwand.

Der Kurzroman erschien 1958, die Dreharbeiten zum Film begannen bereits zwei Jahre später. Von Anbeginn konzentrierte sich die Verfilmung auf die schillernde Figur der Holly Golightly. Die gesellschaftskritischen Aspekte wurden entschärft und die Geschichte versöhnlicher geformt.

Der Film machte Holly Golightly zum Inbegriff für positiv

besetzte Exzentrik – nicht zuletzt dank ihrer Verkörperung durch Audrey Hepburn, deren Image als zerbrechliches, zartes Wesen mit dem der Hauptfigur verschmolz. Eine Symbiose, die in dieser Intensität nicht allzu häufig anzutreffen ist: Marilyn Monroe erlebte es mit ihrer Rolle im Film *Manche mögen's heiß* – trotz hoher Intelligenz blieb sie zeitlebens das naive Sexsymbol; Romy Schneider wurde trotz anspruchsvoller Rollen immer mit der österreichischen (Film-)Kaiserin Sissi identifiziert; und in ähnlicher Form erging es auch Jaqueline Kennedy, die noch als First Lady der USA betrachtet wurde, als sie schon längst mit dem griechischen Reeder Aristoteles Onassis verheiratet war.

Und Audrey Hepburn blieb in den Augen der Öffentlichkeit stets das entzückende, exaltierte Ding aus *Frühstück bei Tiffany* auf der Suche nach Geborgenheit – ganz gleich, welche weiteren Rollen sie annahm oder wofür sie sich in ihrem Leben engagierte. Dass das Image der Kindfrau mit der echten Audrey Hepburn nicht allzu viel zu tun hatte, störte und stört ihre Fans bis heute übrigens wenig.

Der Film begründete einen Mythos und schuf eine unvergessliche Frauenfigur, die zur Stilikone wurde: Für die Holly des Films scheint das Leben ein Spiel zu sein. Sie kümmert sich nicht um gesellschaftliche Konventionen und lebt für ihr Vergnügen. Berufliche Ambitionen hat sie keine; einst träumte sie wohl davon, Schauspielerin zu werden, doch während wir ihr zusehen, nutzt sie die Tage, um auszuschlafen und abends lässt sie sich von Männern zum Essen ausführen oder feiert wilde Partys. Holly trägt extravagante Kleidung, verstaut ihre Schuhe in der Obstschale oder im Kühlschrank und hat ihre Schminkutensilien im Briefkasten untergebracht. Ihre Wohnung sieht aus, als wäre sie gerade erst eingezogen und sei schon wieder auf dem Sprung zu neuen Zielen – im Kurzroman von Capote steht auf ihrer Visitenkarte: »Holly Golightly – auf Reisen«, und ihr Kater, der treu mit ihr lebt, hat noch nicht einmal einen Namen. Und doch geht es ihm sogar besser als dem zweiten Tier des Glamourgirls, einem ausgestopften Papagei, der auf einer Stange in seinem Käfig angenagelt ist.

Audrey Hepburn gelang es, dieser quirligen und widersprüchlichen Figur ewiges Leben einzuhauchen. Nicht umsonst wurde sie mit dieser Rolle für den Oscar als beste Schauspielerin nominiert. »Wenn sie als Holly ein Taxi herbeipfeift, alle Darling nennt, die längste Zigarettenspitze der Welt benützt, ihre Schuhe in der Obstschale aufbewahrt, von einem Warenhauswühltisch eine komische Maske stiehlt (...), das alles rundet Audrey zu einer überzeugenden Persönlichkeit ab, die zugleich gewagt, kindlich und verletzlich ist«, schrieb nach der Filmpremiere der amerikanische Kritiker Charles Higham enthusiastisch.

Holly Golightly ist ein Partygirl, das mit emotionaler Tiefe gezeichnet wurde, ohne allzu stark in Klischees abzurutschen. Sie hangelt sich von Chaos zu Chaos, mal oberflächlich-naiv vor ernsthaften Fragen flüchtend, mal tief melancholisch und von Lebensangst erfasst. Bei aller Flatterhaftigkeit ihres Lebens hat sie sich eine Unschuld des Herzens und persönliche Integrität bewahrt. Trotz ihrer materialistischen Ziele wirkt Holly nie berechnend, sondern stets natürlich und warmherzig.

Die junge Singlefrau verkörpert ein neues Frauenbild: lebenslustig, ungebunden, sexy und unkonventionell; eine Befreiung nach den verklemmten 50er Jahren. Und am Ende – so will es zumindest der Film – wird sie sogar glücklich und findet, was sie sich sehnlichst wünscht.

Das Bild dieses quirligen Flatterwesens, dieser jungen, freien Frau, die nach eigenen Regeln lebt und Eleganz stilvoll mit Lebendigkeit verbindet, hat bis heute tief im Denken und Fühlen zahlreicher Frauen Wurzeln geschlagen. Obwohl der Film bald 50 Jahre alt ist, durchziehen immer noch Fotos und Filmsequenzen unseren Alltag. Holly Golightly lächelt uns von Postern, Taschen, Schreibtischunterlagen entgegen. Die Erinnerung an sie ist auch heute noch sehr wach.

Holly Golightly, das Partygirl hat etwas erreicht, was heutige Nachahmerinnen vergeblich versuchen: Sie verbindet Klasse mit Leichtigkeit, Sehnsucht mit Unbekümmertheit, Glamour mit Warmherzigkeit, Unschuld mit Zielstrebigkeit – und das alles, ohne auch nur einen Moment lang aufdringlich oder billig zu wirken. Aktuelle Partygirls verblassen daneben. Auf die Frage, ob zum Beispiel Paris Hilton heute die Antithese zu Glamour wäre, antwortete der Fotograf David LaChapelle: »Das ist sie tatsächlich, sie ist die ideale Verkörperung einer obsessiven, substanzlosen Selbstzurschaustellung, sozusagen Image in Reinform.« Eine hohle Form ohne Persönlichkeit, ein Abziehbild ohne Stil und Klasse – so entsteht kein Mythos, der Jahrzehnte überdauert.

Auch Paris Hiltons zahlreiche Mitstreiterinnen, die mit glitzernden Juwelen und dem Kleintier an der Leine den Medienrummel suchen, haben nichts von dem Charme einer Holly Golightly in *Frühstück bei Tiffany*. Sie können ihr nicht einmal das Wasser reichen. Hollys Anziehungskraft wird nicht aus Sex und Inszenierung gespeist. Im Gegensatz zu den Partygirls und Boxenludern unserer Zeit scheint sich Holly Golightly nie bewusst und berechnend in Szene zu setzen. Wo jene den Auftritt suchen, *ist* Holly einfach: Sie steht im Mittelpunkt der Aufmerksamkeit, ohne dass die Scheinwerfer auf sie gerichtet sein müssen. Sie verfügt über eine natürlich Präsenz, die ihr innewohnt und die entwaffnend ehrlich wirkt.

Was ist nur das Geheimnis dieser Figur? Wie können wir das »Konzept Holly« entschlüsseln, um ein bisschen zu werden wie sie?

»Moon river and me«

oder: Wie Vorbilder wirken

Viele Frauen tragen in ihrer Seele das Bild einer anderen Frau. Meist handelt es sich um eine berühmte Persönlichkeit: eine Schriftstellerin, einen Film- oder Theaterstar, eine Malerin, eine Sängerin, vielleicht eine Tänzerin. Es kann sich aber auch um eine Frau aus dem direkten persönlichen Umfeld handeln – eine bewunderte Lehrerin oder vielleicht eine wagemutige Verwandte, die unkonventionell und verrucht lebte. Manchmal haben wir das Bild schon in Kindertagen in unser Herz aufgenommen, mitunter wurde es erst im Erwachsenenalter eingelassen.

Mit diesem Vorbild ist immer eine bestimmte Sehnsucht verbunden. Uns erinnerte Holly sehr an diese Sehnsucht, wie sie mit der Ukulele im Fensterrahmen sitzt und verträumt dieses wunderbare Lied »Moon river« singt, dessen Töne und Text bis heute Menschen melancholisch und sehnsuchtsvoll stimmen. Das Lied, der Titelsong des Films, ist bezaubernd schön und verführt zum Träumen und Spinnen von Zukunftsvisionen.

Ein Vorbild verkörpert die Sehnsucht danach, was wir gern in unserem Leben hätten, etwas, das wir derzeit vermissen. Das kann ein bestimmter Lebensstil sein, ein Haus am Meer, ein Beruf, eine Beziehung, Erfolg, Selbstbewusstsein, aber auch äußerliche Merkmale wie Kleidung , Frisur, Figur oder bestimmte Fähigkeiten wie Schlagfertigkeit, Mut oder Selbstbewusstsein. Vielleicht haben wir auch bei einem anderen Menschen eine

Reaktion oder eine Verhaltensweise beobachtet, die uns beeindruckt hat – das konsequente Eintreten für eine Sache oder die Lösung eines Problems.

Nicht nur Filmmelodien und Songs, auch ganze Handlungssequenzen oder Filmszenen können sich tief in unsere Seele eingegraben haben und Ausdruck eines Wunsches sein. Bei unserer Freundin Julia ist es eine Szene aus dem Film *Zimmer mit Aussicht*: Das Liebespaar hat sich endlich gefunden und sitzt gemeinsam in Venedig am Fenster – im Zimmer mit Aussicht. So eine Liebe wollte auch Julia finden, und das ist ihr gelungen.

Spielfilme, Stars und Sternchen dienen sehr oft als Leitbilder – und das bei Menschen jeden Alters. Mit sechs tanzen kleine Mädchen vor dem Spiegel und singen in Mamas Rundbürste; und als Teenager hängen sie sich Poster von angehimmelten Film- und Popstars an die Wand. »So will ich werden!«, steht unsichtbar unter jedem einzelnen Bild.

Im Laufe unseres Lebens wechseln die Vorbilder einander ab und mehren sich gleichzeitig, denn oft steht ein Vorbild nur für eine bestimmte Sehnsucht. Da wir jedoch viele – und auch widersprüchliche – Träume in uns tragen, schaffen wir uns auch viele Vorbilder. Das Leben und die Medien bieten uns eine reiche Auswahl. Im Beruf wollen wir vielleicht so durchsetzungsstark sein wie Sigourney Weaver im Film *Alien*, in der Liebe so keck wie Carry aus der Serie *Sex and the City*, und auf einer Party würden wir gerne so glänzen wie Holly Golightly.

Sich ein Vorbild wählen

Wenn Menschen ein Vorbild suchen, das sie in bestimmten Lebenssituationen unterstützt, dann stellen sich oft sehr schnell

Bilder vor ihrem inneren Auge ein, und sie sagen sich: »Ich möchte am liebsten so sein wie ...« Dabei spielt es keine Rolle, ob es letztendlich darum geht, mehr Ausstrahlung zu gewinnen, mehr Kraft zu zeigen, ein harmonisches Familienleben aufzubauen, Karriere zu machen oder die spielerischen Qualitäten einer Liebesbeziehung zu vertiefen.

Wir suchen uns Vorbilder für jeden Bereich unseres Lebens, den wir irgendwie verbessern möchten. Und es ist vollkommen egal, ob unser Vorbild lebt, jemals gelebt hat oder ob es nur eine Fantasiegestalt ist. Pu der Bär kann für mehr Gelassenheit stehen, Pippi Langstrumpf war in unserem letzten Buch ein Modell für mehr Neugier; Hillary Clinton ist für manche Frau ein Vorbild dafür, wie man auch in turbulenten Zeiten seinen eigenen Weg geht und zu seinen persönlichen Zielen steht. Vielleicht träumen Sie auch von Schneewittchen oder Aschenputtel – alles ist erlaubt.

Eine unsere Freundinnen liebte ihre Großmutter, weil diese sich bis ins hohe Alter (und das waren damals bereits Frauen um die Vierzig) als Rennfahrerin einen Namen machte. Unsere Freundin bewunderte den Mut und die Durchsetzungskraft dieser Frau und wählte sie immer dann als Modell, wenn es darum ging, neue Ziele anzusteuern.

Von manchen Vorbildern schwärmen wir ganz offen: »Ich wäre gern so sexy wie Madonna.« Andere Bilder behalten wir lieber für uns – zum Beispiel »Ferien machen wie Hanni und Nanni«. Doch wir sollten uns keines unserer Vorbilder schämen, niemand hat das Recht, als Zensor aufzutreten oder Urteile zu fällen. Denn wir suchen uns unsere Vorbilder nach unseren ganz persönlichen Sehnsüchten aus.

Wer dient uns als Vorbild?

Bestimmt haben Ihre Eltern früher auch einmal zu Ihnen gesagt: »Nimm dir doch ein Beispiel an ...« oder »Schau dir XYZ an, die ist ein gutes Vorbild für dich!« Haben Sie auf Ihre Eltern gehört, oder wollten Sie von deren Vorschlägen nichts wissen?

Vielleicht hat Ihre Mutter Sie immer wieder aufgefordert, doch ein bisschen mehr wie das Nachbarsmädchen zu sein. Ihre Mutter fand die Kleine ganz bezaubernd, stets so hilfsbereit und höflich – während für Sie diese Langweilerin, die immer beim Abwasch half und das Vereinsblättchen austrug, als ein abschreckendes Beispiel für absolute Fadheit galt.

Vorbilder lassen sich nicht aufdrängen. Sich ein Vorbild zu wählen ist eine höchstpersönliche und ganz intime Angelegenheit. Denn es geht dabei um unsere Wünsche und Sehnsüchte – und nur Sie wissen, welche Bilder Ihr Unterbewusstsein wählt, wenn Sie über sich selbst nachdenken. Wenn uns jemand ein Vorbild anempfiehlt oder womöglich versucht, es uns einzutrichtern, dann versucht dieser Mensch, uns *seine* Träume zu diktieren – und damit können wir eher wenig anfangen. Gleichzeitig bäumt sich etwas in den meisten Menschen auf, denn sie empfinden diesen Ratschlag als Bevormundung und als Kritik an der eigenen Person. Kein Wunder, dass Menschen mit Widerstand reagieren, soll ihnen ein Vorbild aufgedrängt werden. Das gilt vom Kindesalter an bis in die Seniorenzeit hinein. Sie können ja einmal versuchen, Ihrer Oma vorzuschlagen, dass die Großmutter Ihrer Freundin flotter ist und sie sich an der vorbildhaften Frau doch orientieren könnte. Viel Spaß bei dieser Unterhaltung!

Empfehlungen dieser Art erleben wir häufig als einen Übergriff auf die Intimsphäre. Unsere Träume gehören uns, und wir

HOW TO GO LIGHTLY

Nehmen Sie Zettel und Stift zur Hand. Welche fallen Ihnen ganz spontan ein, wenn Sie das Wort Vorbild hören?

Halten Sie diese Ideen – vielleicht sind es einzelne Bilder oder ganze Szenen – schriftlich fest.

Oder haben Sie sich bereits bewusst Vorbilder gesucht? Welche? Schreiben Sie auch diese auf. Notieren Sie ebenso, warum Sie diese Menschen oder Figuren als Ihr persönliches Leitbild erwählt haben.

wollen sie uns nicht durch die Wünsche anderer Menschen verderben lassen.

Es lohnt sich, unsere Vorbilder ein wenig genauer anzuschauen, denn jede Figur, die wir uns als Modell suchen, hat eine Botschaft für uns. Ein Leitbild, dem wir folgen möchten, hat eine Fähigkeit oder verkörpert etwas, das wir gern in unserem Leben hätten. Das kann in vielen Lebenssituationen sehr hilfreich sein. Dafür müssen wir dieses Modell aber präsent haben und uns immer wieder an das Vorbild erinnern. Sind wir mit diesen Bildern in Kontakt, dann können wir uns unser Vorbild vor Augen rufen, wenn wir eine neue, eine ungewöhnliche oder eine verunsichernde Situation zu meistern haben. Wir erinnern uns dann, wie das Modell in einer vergleichbaren Situation agiert hat, welche Lösungen es gefunden hat und können eine Strategie ausprobieren oder sogar übernehmen.

Manche Vorbilder leben lange in unseren Herzen, weil sie eine Gültigkeit in einem größeren Zusammenhang haben. Sie sagen zum Beispiel etwas über unsere Werte und grundsätzlichen Ziele im Leben aus. Sie zeigen uns, wie wir heute und in Zukunft gern sein möchten. Andere Vorbilder begleiten uns nur kurz – wir benötigen sie nur für eine bestimmte Situation, vielleicht für eine Prüfung, ein schwieriges Gespräch, eine aufregende Einladung. Haben wir diese Situation gemeistert, erübrigt sich auch das Vorbild und verflüchtigt sich.

Fantasiefiguren eignen sich übrigens besonders gut als Vorbilder, denn sie lassen sich formen. Sie können sie aus einer fiktiven Welt in absurde und gefährliche Situationen schicken, ohne dass Sie sich Sorgen machen müssen – und auch ohne dass Ihre Fantasiefigur dagegen protestieren würde.

Außerdem dürfen sich fiktive Personen Fehler und Makel erlauben, die wir einem realen, menschlichen Vorbild niemals durchgehen lassen würden – so können wir zum Beispiel ganz galant und problemlos darüber hinwegsehen, dass Holly verschlüsselte Nachrichten für einen Gangster schmuggelt. Das mag aus Gutherzigkeit geschehen, doch einem wirklichen Menschen würden wir diese Naivität weder abnehmen noch verzeihen.

Der größte Vorteil von Fantasiefiguren aber liegt darin, dass diese Sie nie enttäuschen können. Ihre fiktiven Vorbilder verhalten sich stets so, wie Sie es sich von ihnen wünschen. Einem Menschen aus Fleisch und Blut können hingegen öffentlich Patzer unterlaufen – eine Schauspielerin entpuppt sich als Zicke, eine Politikerin entlarvt sich als unehrlich oder jemand erweist sich auf längere Sicht als nicht so integer, wie wir es von ihm erwartet haben.

Einige Vorbilder suchen sich uns aus

Mit manchen Vorbildern hat es allerdings eine ganz eigene Bewandtnis. Es gibt Filme, Romane, Gemälde oder auch Fotos, die berühren uns tief. Sie kennen die Situation bestimmt: Sie sitzen im Kino, der Film ist vorbei, der Abspann läuft noch, die Musik erinnert Sie an einzelne Szenen, die Sie eben gesehen haben und die Sie berührt haben. Sie verharren einen Moment im Kinosessel, zögern noch, in die Realität zurückzukehren, das tränenfeuchte Taschentuch gegen die Nase gedrückt. Sie fühlen: »Das war großes Kino.« Andere Menschen hat der Film vielleicht gelangweilt, manch einer stört sich an Details, doch Sie, Sie wurden tief bewegt. In diesen letzten zwei Stunden ist etwas mit Ihnen geschehen. Und doch können Sie kaum sagen, was Sie eigentlich so berührt hat, was genau mit Ihnen passiert ist.

Es lohnt sich, diesen Erlebnissen genauer nachzugehen. Die Sehnsucht, die Sie spüren, dieses vage innere Ziehen, das wir alle kennen – es sagt eine Menge über uns aus. Denn dieses Gefühl verrät uns unsere verborgenen Wünsche und Träume, die wir oft nicht einmal uns selbst eingestehen mögen. Der Film, der uns so bewegt, hat einen Teil in uns berührt, der sonst – im Alltag – schweigt oder zum Schweigen verdammt ist. Nun aber sucht er sich Gehör. Dieser Teil, oder Wunsch, steht für etwas Unerfülltes, eine ungestillte Sehnsucht, die nun nach Aufmerksamkeit verlangt.

Wenn ein wichtiger Bereich in unserem Leben vernachlässigt wird, wenn eine tiefe Sehnsucht in uns brodelt, die wir nicht beiseite schieben können, wenn wir uns eigentlich etwas anderes wünschen als das, was wir haben, wenn wir in unserer jetzigen Lebenssituation nicht wirklich glücklich werden können – dann werden wir immer wieder über diese Rührung

HOW TO GO LIGHTLY

Kommen Sie Ihren Sehnsüchten auf die Spur. Wenn Sie Ihr Leben nach Ihren Wünschen gestalten könnten, wie ginge es dann von nun an weiter? Nehmen Sie Papier und Stift zur Hand und schreiben Sie das Drehbuch Ihres idealen Lebens. Startpunkt ist der heutige Tag.

Malen Sie sich aus, was alles geschehen könnte, erkunden Sie Ihre Wünsche und Sehnsüchte. Das ist am Anfang manchmal gar nicht so leicht. Viele Menschen halten sich schüchtern zurück und benennen nur die Hälfte des Glücks. Jetzt sind Sie aber mit sich allein, niemand schaut Ihnen über die Schulter, also öffnen Sie Ihr Herz und lassen Sie alle Träume und Wünsche heraus. Nehmen Sie sich dafür die Zeit, die Sie benötigen. Es läuft keine Uhr und kein Lehrer geht im Klassenzimmer ungeduldig auf und ab.

Wozu die Mühe? Nur wenn wir wissen, wohin wir wollen, können wir dieses Ziel auch erreichen.

Diese Übung kann uns helfen, unser Ziel und den Weg dorthin etwas genauer zu fassen. Malen Sie Ihr ideales Leben, Ihren Traum in allen Farben aus. Vielleicht fallen Ihnen auch bestimmte Gerüche ein, die sich mit diesem Leben verbinden – notieren Sie auch dies. Je vielfältiger Ihr Drehbuch ausfällt, je mehr Sinne es in Ihnen anspricht, um so wahrscheinlicher wird seine Verwirklichung.

»stolpern«: ein Film, eine Figur in einem Roman, ein Lied, eine bestimmte Stimmung – ein Detail spricht unsere Sehnsucht an, und sie streift um unsere Beine, hartnäckig wie eine hungrige Katze. Diese Sehnsucht wird sich so lange melden, bis wir sie erfüllt haben – und erst, wenn dies geschehen ist, werden wir zufrieden sein können und eine tiefere Stufe des Glücks erreichen.

Nun ist das Leben kein Film, und wir können nicht einfach das Drehbuch ändern, um aus einem Melodram eine romantische Komödie zu machen oder um einen Slapstickfilm in die Biografie einer glanzvollen Karriere umzuwandeln. Aber wir können Einfluss nehmen, wir können Weichen stellen und uns Ziele setzen. Und das kommt einer Drehbuchänderung doch ganz schön nah.

Die Sehnsucht nach etwas führt im Idealfall zu einer Bewegung. Manche sagen dazu Veränderung, andere Entfaltung. Ganz gleich, wie Sie Ihren Aufbruch zur Wunscherfüllung benennen: Ihre Reise dorthin beginnt mit einem beherzten Schritt in eine bestimmte Richtung. Unsere Sehnsucht und was auch immer sie ausgelöst hat, dient uns als Kompass: Dort vermuten wir das Ende des Regenbogens, wo – wie wir wissen – ein Topf mit Gold steht. Was immer uns berührt hat: Es zeigt uns den Weg.

Warum wirken Vorbilder und Visualisierungen?

Unsere Sprache ist in manchen Fällen von wunderbarer Klarheit: Wir sagen zum Beispiel, dass jemand uns als Vorbild *dienen* kann – oder noch allgemeiner: dass uns *Vorbilder dienen.* Und genau so ist es auch! Leitbilder und Modelle unterstützen uns, sie helfen uns, bestimmte Hürden zu überspringen und Ziele zu erreichen.

Schon als Kind lernen wir, indem wir andere beobachten und dann ihre Handlungen imitieren. Bewegungen, Sprache, auch ganz komplexe Verhaltensweisen – alles das eignen wir uns anhand der Beobachtung von Modellen an. Wir identifizieren uns mit unseren Eltern, um uns im Leben zurechtzufinden – und in der Pubertät lösen wir uns von ihnen und suchen uns neue Leitbilder.

Wenn wir jedoch das Verhalten anderer Menschen übernehmen, dann kopieren wir es nicht einfach nur. In unserem Gehirn organisieren wir es neu, kombinieren es zum Beispiel mit den Verhaltensweisen anderer Vorbilder oder passen es unseren speziellen Anforderungen an. Wir kreieren auf diese Weise unser eigenes Vorgehen.

Die Wissenschaft der Lerntheorie beschäftigt sich bereits seit Jahren mit diesem Thema. Sie kommt zu dem Ergebnis, das zumindest drei Dinge erfüllt sein müssen, damit wir uns einen Menschen oder eine Figur zum Vorbild nehmen:

- Wir wählen uns gerne ein Vorbild, in dem wir etwas von uns wiederfinden, mit dem uns eine gewisse Ähnlichkeit verbindet. Dies kann sich auf innere Einstellungen, Ziele, Fähigkeiten oder auch äußerliche Merkmale beziehen.
- Wir wählen ein Modell, wenn wir uns von der Übernahme dessen Verhaltens etwas versprechen. Man nennt dies Ergebniserwartung. Das heißt: Wir erhoffen uns einen Erfolg, wenn wir so handeln wie unser Vorbild.
- Wir wählen uns ein Modell, von dem wir überzeugt sind, dass wir ihm erfolgreich nacheifern können. Dies nennt man Kompetenzerwartung: Wir sind innerlich davon überzeugt, dass wir das Verhalten, das wir anstreben, auch kompetent

ausführen können. Das heißt: Wenn wir uns Holly als Flirtvorbild aussuchen, dann sind wir innerlich überzeugt, dass wir über mindestens genauso viel Charme verfügen wie sie – auch wenn dieser jetzt noch etwas verborgen ist.

Kurz gesagt: Wir wählen uns ein Vorbild, das uns in irgendeiner Form ähnelt, und wir bewundern an ihm ein Verhalten, eine Eigenschaft, die bereits in uns schlummert und von der wir überzeugt sind, dass wir sie erfolgreich »trainieren« und anwenden können.

Die Vorbilder, die uns ansprechen , sagen also nicht nur etwas darüber aus, wie wir werden möchten, sondern sie geben uns auch Hinweise darauf, wie wir bereits sind. Dies bedeutet eben auch, dass das, was wir uns wünschen und ersehnen, bereits in uns angelegt ist – wir müssen unseren inneren Schatz also nur noch heben.

Prophezeiungen und Fortschritte

Es gibt allerdings auch Vorbilder, die gar nicht gut sind für uns – und damit meinen wir nun nicht die Menschen, vor denen Sie Ihre Eltern schon immer gewarnt haben. Wir können uns nämlich einerseits vorstellen, wie ein Vorbild an unserer Stelle agieren würde, wie es eine schwierige Situation meistert – eine mitreißende Präsentation hält, die notwendige Gehaltserhöhung heraushandelt, charmant den süßen Kerl an der Bar um den Finger wickelt –, oder aber wir können uns entscheiden, den katastrophalen Ausgang einer Situation vor unserem inneren Auge zu inszenieren. Für solche Gelegenheiten wählen wir uns oft selbst als Hauptperson des kleinen Films, der in uns abläuft: Wir stolpern auf dem Weg zum Rednerpult – eine souveräne Präsentation sieht anders aus; wir stottern und stammeln – und können unsere Chefin nicht von einer Gehaltsaufstockung überzeugen; statt den süßen Kerl um den Finger zu wickeln, verheddern wir uns in langwierigen Erzählungen, und unser angehimmelter Gesprächspartner wendet sich gelangweilt weg.

Stellen Sie solche inneren Bilder sofort ab! Auf der Stelle! Geben Sie diesen miesen B-Movies keine Chance! Je mehr wir uns in solche negativen und frustrierenden Szenen hineindenken, umso wahrscheinlicher wird es, dass sie Wirklichkeit werden. Kennen Sie das Prinzip der sich selbst erfüllenden Prophezeiung? Wenn man nur fest daran glaubt, dass etwas schief geht, dann geht es auch schief.

Unser Unterbewusstsein kann nämlich schlechte Filme nicht von guten unterscheiden. Es weiß nicht, welche Szene für Sie einen wünschenswerten Ausgang zeigt und welche nicht. Es registriert nur, dass Sie sich etwas gehäuft vorstellen, und geht davon aus, dass es sich dabei um das handelt, was Sie sich wünschen. Brav, wie es ist, wird Ihr Unterbewusstsein alles tun, damit Ihr (Alb-)Traum wahr wird.

Das Schöne ist: Es funktioniert auch andersherum. Nimmt Ihr Unterbewusstsein anhand Ihrer Träume wahr, dass Sie eine Situation glanzvoll meistern, dann wird es Sie in jeder ihm zur Verfügung stehenden Form unterstützen, diese Vision zu verwirklichen.

Man spricht in diesem Zusammenhang von »mentalem Training«. Diese äußerst wirkungsvolle Methode wird heutzutage in vielen Bereichen eingesetzt, besonders Sportler wählen diesen Weg: Wenn sie einen Kampf oder ein Rennen gewinnen möchten, dann sehen sie innerlich immer wieder einen Film, in dem sie als Erste die Ziellinie überqueren oder einen Gegner besiegen. Auch im Führungskräftetraining oder bei Verkaufsschulungen wird diese Methode eingesetzt. Ebenso greifen Schauspieler auf das mentale Training zurück. Es spricht also nichts dagegen, dass wir diese Praxis auch für uns und unsere Ziele nutzen.

Das Vorgehen ist ganz einfach. Ihnen steht eine knifflige oder aufregende Situation bevor, und Sie wissen noch nicht, wie Sie diese Aufgabe lösen sollen? Schicken Sie zunächst Ihr Vorbild in den Ring!

HOW TO GO LIGHTLY

Ring frei für Ihre Traumfrau. Angenommen, Sie sollen eine Präsentation halten, fühlen sich im Augenblick aber sehr verunsichert von dieser Aufgabe. Ganz bestimmt gibt es eine Figur, vielleicht sogar eine Frau, von der Sie glauben, sie würde diese Herausforderung mit Leichtigkeit bewältigen. Nur zu, schicken Sie zunächst diese Figur vor.

Malen Sie sich genau aus, was Ihr Vorbild tun würde. Lassen Sie den Ton zunächst noch außen vor, drehen Sie vorerst einen Stummfilm. Wie bereitet sich Ihre Traumfigur vor? Welche Medien würde sie nutzen? Und schließlich die Präsentation selbst: Wie tritt Ihr Vorbild auf? Wie geht sie? Wie hält sie den Kopf?

Beobachten Sie sie genau. Notieren Sie sich viel-

Indem wir unser Vorbild in Gedanken vorschicken, können wir neue Lösungswege entdecken. Wir senden unser Modell sozusagen auf Erkundungsfahrt. Unser Vorbild verfügt über Eigenschaften oder Verhaltensweisen, die ihm helfen, die verunsichernde Situation zu bewältigen – und wir können es dabei beobachten. So lernen wir und erweitern gleichzeitig unser Verhaltensrepertoire.

Und nun die Kür! Wenn unser Vorbild die Situation, die uns so einschüchtert, ganz wunderbar gemeistert hat, dann gehen wir einen Schritt weiter: Wir setzen uns selbst an die Stelle unseres Modells und werden uns sozusagen selbst zum Vorbild. Wir sind es nun, die anstelle unseres Modells handeln – und wir sind es, die die Situation zu einem traumhaften Ergebnis führen.

Lernen am eigenen Vorbild ist die Kür, die Meisterschaft. Sie brauchen nun keine Ersatzfiguren mehr, sondern können sich selbst in den Situationen sehen, in denen Sie brillieren möchten oder etwas wagen wollen. Sie agieren in Ihrem inneren Film genau auf die Weise, wie Sie es in der Realität auch gern täten.

Je häufiger Sie die Situation in Gedanken durchspielen und zu einem positiven Abschluss bringen, umso besser. Denn so fällt es Ihnen fortschreitend leichter, diese Handlungen in die Wirklichkeit umzusetzen. Ihr Unterbewusstsein hilft Ihnen dabei, denn dank Ihres inneren Filmes weiß es, was Sie sich wünschen und wie es Sie unterstützen kann.

Die Visualisierung von unserem Vorgehen in bestimmten Situationen kann eine große Macht entfalten und uns mehr Selbstsicherheit verleihen – denn nun wissen wir ja, wie wir uns verhalten müssen, um erfolgreich zu sein. Wir müssen es nur noch umsetzen. Schon Walt Disney sagte, wir können nur das erreichen, was wir sehen – und er hatte Recht.

Aber vielleicht geht es Ihnen gar nicht um eine konkrete Situation, vielleicht wollen Sie allgemein kecker, charmanter oder mondäner werden. In diesem Fall dürfen Sie sich ganze Szenen und Kurzfilme zusammenträumen, in denen Sie diese Eigenschaften ausleben. Wählen Sie dazu Holly Golightly als Vorbild oder Begleitung. Mit ihr zusammen können Sie spielerisch neue Seiten an sich ausprobieren.

Vielleicht wünschen Sie sich, auf einer Party charmant aufzutreten. Stellen Sie sich in Tagträumen vor, wie Holly Golightly das machen würde. Welches Kleid würde sie tragen, wie würde sie gucken, was würde sie sagen, wie würde sie sich zeigen? Stellen Sie sich die Szene in allen Einzelheiten vor. Was würde Holly tun, um einem Mann auf die anziehendste Weise den Kopf zu verdrehen?

Vorbilder wirken am besten als Modelle, wenn die inneren Bilder, die wir uns von ihnen machen, so detailliert wie möglich ausgeschmückt sind. Gestalten Sie Ihren inneren Film farbig und facettenreich. Welche Musik könnte im Hintergrund laufen, welcher Duft liegt in der Luft? Gibt es einen bestimmten Geschmack, der zu dieser Situation passen würde?

Wenn *Ihre* Holly Champagner trinkt, dann lassen Sie sie das Glas gegen das Licht halten. Betrachten Sie mit ihr die aufsteigenden Champagnerperlen. Können Sie Holly lachen hören? Sehen Sie den charmanten Augenaufschlag? Welches Kleid trägt Holly? Wie passen die Schuhe dazu? Ist ihr Make-up dezent?

Das alles ist von Bedeutung, denn je vielschichtiger Ihr Film ist, desto vielschichtiger kann Ihr Vorbild auf Sie wirken und desto leichter setzen Sie das Gesehene um.

Setzen Sie sich schließlich selbst an die Stelle von Holly und gehen Sie die Traumszenen immer wieder durch. Wenn Sie sich sicher fühlen, dann hinaus ins Leben. Wählen Sie eine Situation und schlüpfen Sie in Ihr neues Verhaltenskostüm. Bezaubern

Sie die Männer mit Ihrem Lächeln, nennen Sie jeden charmant »Schätzelchen«, »Herzchen« oder »Darling«. Wenn Sie Holly zu Ihrem Vorbild erkoren haben, dann steckt auch ein Stückchen Holly in Ihnen. Nur hervor damit!

Kann Holly Golightly uns wirklich als Vorbild dienen?

Unsere Freundinnen Barbara und Julia haben auf den ersten Blick nur wenige Gemeinsamkeiten. Barbara ist seit mehreren Jahren Single mit wechselnder männlicher Begleitung. Sie liebt ihr unabhängiges Leben und fühlt sich nur selten allein. Ihr großes Plus ist ihr umwerfendes Aussehen: Mit ihren 39 Jahren sticht sie jede 20-Jährige aus. Doch Barbara neigt dazu, ihr tolles Äußeres hinter riesigen Pullovern und weiten Worker-Jeans zu verstecken, da sie im Grunde ihres Herzens ein wenig schüchtern ist. In ihrem Beruf als Werbegrafikerin kann sie sich so kleiden, ohne dass jemand daran Anstoß nimmt.

Und genau das ist ihr Problem: Immer dann, wenn sie aus ihrem gewohnten Umfeld herauskommen soll, ergreift sie große Unsicherheit: »Was soll ich denn nur anziehen? Wie soll ich mich verhalten? Worüber soll ich mit fremden Leuten denn sprechen?« Diese und ähnliche Gedanken kreisen in Barbara und lösen Stress aus, wenn sie zu einer größeren Party oder einem Event eingeladen ist.

Julia hingegen ist in Gesellschaft die Ruhe in Person. Mit ihren drei Kindern und ihrem liebevollen Mann führt sie ein zufriedenes Familienleben – mit allen dazugehörenden Regelmäßigkeiten und Berechenbarkeiten. In Julias Augen ist das sehr oft mit Langeweile verbunden. Gesellschaftliche Ereignisse wie Partys, Verabredungen mit Freunden oder auch Reisen kommen ihr gerade recht, um den Alltag etwas bunter zu machen.

Doch Julia wäre bei solchen Gelegenheit lieber ein wenig mehr im Zentrum des Geschehens. Sie ist gern dabei, wenn etwas los ist. Das Problem ist nur, dass Julia niemandem so richtig auffällt. Folglich wird sie selten zu außergewöhnlichen Events eingeladen. Auf andere Menschen wirkt sie freundlich, aschblond – und ein wenig langweilig, die typische 100-prozentige Mutter ohne größere Ambitionen.

Was beide Frauen miteinander verbindet, ist ihre Schreibtischunterlage – so erstaunlich das auch klingen mag: Denn obwohl bei Barbara eher ein großes Chaos herrscht, während bei Julia Stifte und Papier fein säuberlich geordnet sind, erfreuen sich beide täglich an einem Szenenfoto aus *Frühstück bei Tiffany*, auf dem Audrey Hepburn als Holly Golightly in dem weltbekannten schwarzen Kleid, den langen schwarzen Handschuhen und mit der ultralangen Zigarettenspitze zu sehen ist. Julia hat neben das Foto ein Filmzitat geklemmt: »Es ist ganz nützlich, wenn man überall für verrückt gehalten wird.«

Ja, so wie Holly müsste man leben können, denken beide, so frei und ungebunden, mit so viel Selbstsicherheit und Stil, mit so viel Charme und diesem Mut. Und so wie Julia und Barbara denken und träumen viele Frauen.

Der Sehnsucht auf der Spur

Waren Sie schon einmal bei Tiffany? Haben Sie sich etwas gekauft oder sich schenken lassen? Oder sind Sie vor dem Schaufenster auf- und abflaniert? Wir, die Autorinnen, haben diesen

Juwelierladen noch nie betreten. Dem Alter der Kindfrau sind wir beide eindeutig entwachsen, wir rauchen nicht mit langer Zigarettenspitze, und wir suchen auch nicht nach einem reichen Mann.

Trotzdem schlägt uns die schillernde Persönlichkeit von Holly Golightly in ihren Bann. Wir sind von ihr fasziniert – genauer gesagt, von ihrem Erfolgskonzept. Und wir haben festgestellt, dass es vieles an dieser Fantasiefigur gibt, das sich in unser reales Leben übertragen lässt.

Dabei geht es uns nicht darum, Sie zu überreden, große Hüte zu tragen, verschlüsselte Botschaften aus dem Gefängnis zu schmuggeln oder Ihren Beruf aufzugeben, damit Sie von Party zu Party ziehen können. Es sind weniger die *konkreten Dinge*, die Holly tut, die so anziehend an ihr wirken. Weit faszinierender ist *die Art*, wie sie etwas macht.

»Die Ausstrahlung von Holly!«, so lautet der Herzenswunsch vieler Frauen, die wir befragten. Andere antworteten: »Einmal einen ganzen Tag nur tun, was mir gefällt …« Auch dies können wir aus der Figur herauslesen.

Seit bald 50 Jahren nimmt dieses zarte Persönchen Frauen wie Männer gefangen – und das, obwohl sich unser Männer- und Frauenbild seit den 60er Jahren sehr gewandelt hat. Heute könnte sich keine Frau mehr vorstellen, ihr Lebensziel in der Hochzeit mit einem Millionär zu sehen. Zum einen lassen sich reiche Männer nicht wie Pilze pflücken – und zum anderen sind wir Frauen viel zu eigenständig und selbstbewusst geworden, um in einem Mann allein einen Ernährer zu sehen. Wir wollen einen Partner.

Unsere heutige Welt ist geprägt von dem Wunsch, Beruf, Privatleben und Familie unter einen Hut zu bekommen. Frauen möchten im Job erfolgreich sein und gleichzeitig sehr weiblich bleiben. Natürlich gehen wir gern auf Partys – doch wir wollen auch beim beruflichen Meeting am nächsten Tag mit tollen Ideen glänzen. Wir haben also keine Zeit, in den frühen Morgenstunden als Luxusweibchen im kleinen Schwarzen die Auslagen eines Juwelierladens sehnsuchtsvoll zu bewundern.

Kann das Partygirl Holly Golightly also tatsächlich ein Vorbild für uns sein?

Keine Frage: In Sachen Berufswahl und Familienleben haben wir die Nase vorn. In diesen Bereichen könnte sich eher Holly eine Scheibe von uns abschneiden. Doch nur, weil ein paar Aspekte an dem schillernden Partygirl der 60er Jahre nicht mehr zeitgemäß sind, müssen wir ja nicht die ganze Figur ablehnen. Und wenn Sie diesen Film lieben – so wie wir –, dann spüren Sie sie bestimmt: diese leise Sehnsucht, dieses zarte Ziehen im Inneren, sobald Sie an Holly Golightly denken. Deshalb ist es an der Zeit, dem nachzuforschen, was dieser Film in uns zum Klingen bringt.

Vielleicht können Sie sogar benennen, was genau Sie an Holly begeistert, welche Facetten ihrer Persönlichkeit Sie in Ihr Leben integrieren möchten? Wenn Sie allerdings angesichts dieser Frage etwas ratlos sind, dann helfen wir Ihnen gern, den Nebel ein wenig zu lichten.

Auch wenn Sie vielleicht denken: »Mein Alltag ist so meilenweit von dem Leben diese Partygirls entfernt – was sollte sie mir geben können?«, dann überlegen Sie noch einen Moment. Schließlich werden Sie vom Film berührt, und in gewisser Weise wünschen Sie sich Holly als Vorbild. Und wir haben es weiter oben schon gesehen: Wir suchen uns Modelle, mit denen uns eine Gemeinsamkeit verbindet. Außerdem sehnen wir uns nach Kompetenzen und Eigenschaften, die wir bereits – verschüttet – in uns tragen. Was immer wir uns wünschen – in irgendeiner Form ist es bereits in uns angelegt. Und Holly kann uns helfen, diese verborgenen Facetten zu entdecken.

How to go Lightly

Begeben Sie sich auf die Suche nach Ihrer Sehnsucht. Was kann Holly Golightly Ihnen geben? Dazu benötigen Sie genau jene Szenen oder Sequenzen, die sich sofort vor Ihrem inneren Auge einstellen, wenn Sie an den Film denken. Dies sind die Szenen, die Sie am meisten faszinieren, die sich am stärksten in Ihr Gedächtnis eingegraben haben – und somit also eine Botschaft für Sie enthalten.

Lassen Sie die Sequenz vor Ihrem inneren Auge ablaufen: Was tut Holly in dieser Szene? Spricht sie? Bewegt sie sich? Oder wirft sie einen ihrer unvergleichlichen Blicke über den Rand ihrer Sonnenbrille?

Schreiben Sie die Einzelheiten auf. Was ist für Sie am wichtigsten in dieser Sequenz? Ist es ein Requisit oder eine Geste? Oder handelt es sich um komplexere Dinge wie Persönlichkeitsmerkmale und Verhaltensweisen?

Versuchen Sie, dies so genau wie möglich zu benennen. Am besten formulieren Sie diese Botschaft in einem ganzen Satz:

»Ich möchte wie Holly …«

»Holly ist mir in dieser Situation ein Vorbild für …«

»Ich hätte gern wie Holly …«

»Ich sehne mich nach dem Erlebnis von …«

»Mein Traum ist, wie Holly …«

Wir haben viele Frauen befragt, um zu erfahren, worin Holly für sie ein Vorbild sein könne – auch heute noch. Und die meisten antworteten, sie wären gern »anders«. Sie wollen nicht mehr lieb und fügsam, berechenbar und angepasst sein. Sie spüren in ihrem Leben zahlreiche Schranken und unausgesprochene Verbote – und daraus würden sie gern ausbrechen. Sie möchten gern etwas wagen. Doch Abenteuerlust und ein ungewohntes Auftreten – vielleicht etwas erotischer, vielleicht etwas exaltierter –, das verschieben wir häufig in die Karnevalszeit oder probieren es zaghaft auf Partys aus.

Holly Golightly braucht keinen Alkohol, um sich zu präsentieren. Sie nimmt sich das Recht dazu einfach heraus. Das spüren wir. Dieses selbstbewusste Auftreten, dieses Herausfallen aus dem Gewohnten, diese Offenheit, sich nicht auf eine einzige Rolle festschreiben zu lassen – das spricht uns an. Holly hat keine Angst, sich zu zeigen, wie sie ist – und sie hat keine Angst, genau so gesehen zu werden.

»Ich würde manchmal so gerne anders sein!«, gestand uns Julia. »Mein Leben ist so praktisch, so berechenbar, dass ich mich manchmal steinalt fühle. Holly ist jung und nimmt sich, was sie will.« Dass Julia etwas Neues wagen will und wenigstens ab und zu ein wenig auffallen möchte, das können wir gut verstehen. »Anders sein« ist jedoch reichlich vage. Was verbirgt sich dahinter? Würde Julia ihr Vorbild Holly gedanklich in eine Alltagsszene schicken und sie anweisen: »Nun verhalte dich bitte anders« – dann würde Holly sie höchstwahrscheinlich mit ihren großen Rehaugen anblicken, mit den Wimpern klimpern und sagen: »Darling, du musst schon etwas konkreter werden.«

Die Übung auf der nächsten Seite hilft Ihnen, Ihren Wunsch danach, anders zu sein, zu konkretisieren.

Unser Unterbewusstsein sendet uns – durch Fragen wie in der Übung angeregt – schnell Botschaften, die uns helfen, unsere

HOW TO GO LIGHTLY

Haben Sie auch das Gefühl, Sie wären gern einmal »anders«? Dann notieren Sie zehn kurze Sätze, die auf unterschiedliche Weise beschreiben, was es für Sie bedeutet, »anders« oder »auffallend« zu sein.

Kommen Ihnen dabei Bilder aus dem Film in den Sinn? Oder sehen Sie Holly vor sich, während Sie Ihre Sätze formulieren? Was tut Holly? Was sagt sie? Wie bewegt sie sich? Welche Kleidung trägt sie? Auf diese Weise kommen Sie dem auf die Spur, in welcher Form Sie gern »anders« wären.

Haben Sie mehrere Eigenschaften oder Aspekte gefunden? Dann folgt nun der nächste Schritt: Wie ließe sich dies in Ihr jetziges Leben übersetzen? Können Sie nun festlegen, zu welchem Zeitpunkt an welchem Ort in welcher Form Sie gern anders wären? Beschreiben Sie die Bilder, die sich in Ihnen bei diesen Fragen formen.

Wünsche zu entschlüsseln. So können wir aufspüren, in welche Richtung unsere Wünsche weisen. Manche Frauen sehen sich sofort etwas selbstbewusster und exaltierter am Arbeitsplatz, andere wiederum entdecken sich mit einer Federboa und einem Cocktail in der Hand in einer schicken Bar; sie tragen ein figurbetontes Kleid, flirten und genießen es, in ihrer Weiblichkeit aufzufallen.

Wie setzen Sie Ihr Traumbild nun um? Unsere Empfehlung: Schritt für Schritt. Sie müssen nichts überstürzen. Gehen Sie etwas langsamer vor, dann können Sie mit jedem Schritt neue Sicherheit gewinnen.

Wenn Ihnen Ihr Traumoutfit etwas zu gewagt erscheint, dann muss es ja zunächst nicht das enge Kleid sein. Aber wie wäre es mit einem femininen Rock? Und wenn Ihnen die Federboa zu dick aufgetragen vorkommt, dann wählen Sie doch für den Anfang einen seidenen Schal. Eine Bar oder ein schönes Café kennen Sie bestimmt, und Gelegenheiten zum Flirten gibt es wie Sand am Meer.

Gehen Sie eher ungern alleine in Bars, dann bitten Sie eine Freundin mitzukommen. Aber machen Sie von vornherein deutlich, dass Sie an diesem Abend gern flirten würden. Ernsthaftere Themen verschieben Sie auf ein anderes Treffen.

Holly Golightly kann Ihnen für diesen Traum Vorbild und Gefährtin sein. In inneren Bildern können Sie sich zunächst vorstellen, wie Holly gekonnt in ein Taxi steigt und den Fahrer von der Rückbank aus mit einem strahlenden Lächeln instruiert: »Zum Singsing, aber bitte schnell!« Dann sind Sie an der Reihe: Steigen Sie hinten ein – aber erst, wenn der Fahrer Ihnen die Tür geöffnet hat! Schauen Sie sich selbst dabei zu, wenn Sie auf dem Rücksitz Platz nehmen. Wie hätte Holly dies getan? Sie können mit Holly gemeinsam Ihr Verhalten erproben und vervollkommnen. Und wenn es nicht auf Anhieb klappt – den Taxifahrer sehen Sie vermutlich ohnehin nicht wieder!

Haben Sie schon Ideen, was Sie nun noch alles ausprobieren möchten? Unsere Sehnsüchte werden geweckt, Träume wollen erhört werden – und wir entwickeln uns wieder ein Stückchen weiter.

Die Holly-Golightly-Faktoren

Während unserer Recherchen zum Erfolgskonzept der Holly Golightly sind wir auf zahlreiche Eigenschaften und Merkmale gestoßen, die Frauen dieser bezaubernden Figur zuschreiben. Es gibt viele, viele Dinge, die wir an ihr bewundern. Wir haben diese Dinge »Holly-Golightly-Faktoren« genannt. Es sind sowohl Verhaltensweisen, als auch Kleinigkeiten wie Accessoires oder andere Äußerlichkeiten. Im Folgenden wollen wir Ihnen die wichtigsten vorstellen, die sich zugleich auch am besten auf unser modernes Leben übertragen lassen.

Nehmen Sie diese Holly-Golightly-Faktoren als Anregungen. Sie können Ihnen dabei helfen, Ihren Alltag zu verschönern, neue Seiten an sich zu entdecken, verloren gegangene Facetten wieder aufzupolieren. Spielen Sie mit den Ideen, probieren Sie sie (gedanklich) aus, jonglieren Sie mit verschiedenen Bildern von sich selbst, alles ist erlaubt – außer einem: Verbiegen Sie sich nicht – wenn etwas nicht zu Ihnen passt, dann passt es eben nicht. Alles darf, nichts muss. Eine Prise Humor ist immer gut – und ein verschwörerisches Augenzwinkern zu Ihrem persönlichen Holly-Golightly-Bild macht alles lockerer und unbekümmerter.

Sich spielerisch in einem neuen Verhalten zu erproben – das ist die Voraussetzung für Selbstbewusstsein und Selbstsicherheit. Es macht Spaß, sich darin weiterzuentwickeln. Außerdem wird Ihr Leben mit jedem Tag, an dem Sie altvertraute Gleise für eine Weile verlassen, ein bisschen spannender.

Und falls jemand Sie fragt, warum Sie das tun, dann antworten Sie in bester Holly-Golightly-Manier mit einem rehzarten Augenaufschlag: »Ich habe dieses Verhalten noch nie ausprobiert, Darling. Woher soll ich wissen, ob ich es mag oder nicht?«

Das Leben ist eine Spielwiese, auf der es immer wieder Neues zu entdecken gibt. Lassen Sie uns stöbern! Im folgenden Kapitel geht es deshalb um die grundlegenden Merkmale, die Hollys Wirkung ausmachen: Ausstrahlung, Charisma, Charme und Authentizität. Im darauffolgenden Kapitel wenden wir uns den einzelnen Eigenschaften zu, die Holly so liebenswert und bezaubernd machen: der Furchtlosigkeit, der Veränderungsfreude, der Offenheit und Spontaneität sowie weiteren Faktoren. Im Anschluss daran erkunden wir das Vergnügen, anders zu sein, und erfahren, wie wir – wie Holly – merk-würdig werden. Und weil niemand eine Insel ist, werden wir uns später auch mit Freundschaften und Netzwerken befassen, um dann unsere versteckten Stärken aufzuspüren. Und schließlich fragen wir uns, worin unser »Tiffany« besteht.

»Was ein Mann wirklich von einer Frau denkt, erkennt man an den Ohrringen, die er ihr schenkt«

oder: Jede Frau wirkt!

Ist Ihnen schon einmal aufgefallen, wie viel Leichtigkeit in dem Namen von Holly Golightly mitschwingt? Man könnte ihn mit »auf leichtfüßige Weise« oder auch mit »werde leicht!« übersetzen. Es steckt eine Menge Lebenslust und Unbekümmertheit darin – und der Name umfasst das, was wir an dieser Figur so lieben: ihre Leichtigkeit, ihre Lebensfreude, ihre Abenteuerlust.

Als wir mit unseren Freundinnen über den Film *Frühstück bei Tiffany* sprachen, formulierten alle einmütig den Wunsch: »*So* möchte ich sein.« »So« – das hieß, über diese spezielle Holly-Golightly-Wirkung zu verfügen, diese Neugier, diese Selbstsicherheit, diesen Charme – kurz: diese Ausstrahlung.

»Aber Unbekümmertheit und Lässigkeit kann man nicht lernen«, stellte Barbara mit einem Seufzen fest. Julia stimmte ein: »Ja, Charisma kann man nicht trainieren, das ist schließlich nicht wie Eiskunstlauf.« Sophie empfand Holly Golightly geradezu wie eine Sagengestalt, eine zauberhafte Elfe, so zart und schwebend. Sich selbst beschrieb sie als laut und erdig: »Aus mir ist einfach keine Fee zu machen.«

Keine Frage, Holly Golightly ist in ihrer zerbrechlichen Exzentrik kaum zu überbieten – aber wir wollen ja auch kein Abziehbild von ihr werden. Uns geht es darum, das »Konzept Holly« zu verstehen und Ihnen zu ermöglichen, die Elemente, die zu Ihrer Persönlichkeit passen, für sich zu »übersetzen« und ins eigene Leben zu integrieren.

Keine Frau muss auf Charme und Ausstrahlung verzichten: Sie muss nur Mut haben und ihre eigene Variante entwickeln.

Was wir an Holly so lieben, ist ihre natürliche Selbstsicherheit: Egal ob sie im kleinen Schwarzen den Männern den Kopf verdreht oder im Pyjama verschlafen die Tür öffnet – stets strahlt sie Natürlichkeit, Selbstbewusstsein und Stil aus. Holly weiß, wie sie wirkt, und sie liebt ihre Ausstrahlung.

Holly Golightly steht zu ihrer Person und zu ihren Eigenheiten. Sie akzeptiert sich, wie sie ist und zeigt sich gern – das ist eines ihrer Geheimnisse. Sie misst sich selbst Wert zu, sie sieht in sich selbst einen besonderen Menschen – das hat nichts mit Überheblichkeit zu tun, sondern mit Sicherheit und Zufriedenheit. Sie zeigt sich nicht, weil sie ihre Eitelkeit befriedigen will, sie benutzt andere nicht als Spiegel oder Bühne, sondern agiert mit einer geradezu kindlichen Natürlichkeit und Naivität.

Sie kennen bestimmt auch so einen Sonnenschein in Ihrem Freundinnenkreis: Ohne große Anstrengung steht diese Frau im Mittelpunkt – und wenn man sie fragt: »Wie machst du das?«, dann erntet man nur ein irritiertes Lächeln: »Wie, was meinst du damit? Wie mache ich was?« Menschen, die zufrieden mit sich selbst sind, wirken anziehend auf andere, darum stehen sie schnell im Mittelpunkt, auch wenn sie dies gar nicht beabsichtigen.

Hollys Selbstsicherheit drückt sich in ihrem Umgang mit sich selbst aus. Egal ob sie zu einem Essen eingeladen ist oder »ihren« Gangster im Gefängnis besucht: Sie macht sich zurecht, sie legt Wert auf ihr Äußeres und Etikette. Erstens liebt sie das und zweitens zeigt sie damit sich und anderen Menschen gegenüber Wertschätzung. Holly trägt Fröhlichkeit und Licht zu »ihrem«

HOW TO GO LIGHTLY

Wenn Sie beginnen möchten, Ihre Wirkung auf andere zu steuern, dann machen Sie sich sozusagen selbst zu Ihrem Projekt. Und genau wie bei einem Projekt können Sie Ihr Vorgehen planen und schrittweise bei der Realisierung vorgehen.

1. Schritt: Eine Vision entwerfen – wie möchte ich wirken? Vielleicht haben Sie dabei Holly vor Augen – vielleicht möchten Sie so unbekümmert auf einer Party lachen können, so mühelos im Mittelpunkt einer Gruppe von Menschen stehen, so charmant mit einem Mann flirten können?

2. Schritt: Konkretisierung: Können Sie nun etwas genauer sagen, wie Ihre Wirkung aussehen soll? Mehr Charme, mehr Leichtigkeit, mehr Sexappeal, mehr Schlagfertigkeit? Mehr Selbstbewusstsein?

3. Schritt: In welchen Situationen wirken Sie schon so, wie Sie es sich wünschen? Welche Situation fällt Ihnen ein?

4. Schritt: Versuchen Sie herauszufinden, was Sie in diesen »wirkungsreichen« Situationen anders machen, als in den »wirkungsarmen«. Gibt es Facetten Ihrer Persönlichkeit, die dann besonders stark sind und leuchten? Wie können Sie diese Facetten auf die Situationen übertragen, die nicht so schillernd oder »bemerkenswert« sind?

Wählen Sie kleine Momente, probieren Sie sich aus und gleichen Sie sich mit Holly ab. Es gibt nichts zu verlieren, sondern nur zu gewinnen. Mit der Zeit und mit dem bewussten Einsatz Ihrer Wirkung werden Sie feststellen, dass sich etwas verändert. Sie werden mehr und mehr wahrgenommen werden, so, wie Sie sich das wünschen. Wenn Sie Ihr Auftreten als ein Projekt betrachten, wird es Ihnen leicht fallen, Schritte und Versuche immer wieder neu zu überdenken, zu verfeinern und an die Vorstellung Ihrer gewünschten Wirkung anzugleichen.

Gangster ins Gefängnis – das sieht sie als ihre Aufgabe. Und »ihr« Gangster dankt es ihr.

Wirkung kommt von innen. Was wir von uns denken, was wir von uns halten, es spiegelt sich in unserer Ausstrahlung. Jeder Mensch wirkt – zu jeder Zeit, an jedem Ort. Aber leider wirken wir nicht immer in der Weise, wie wir es uns wünschen. Manchmal sind wir selbst überrascht, wie andere uns wahrnehmen. Sie kennen das sicherlich: Sie halten sich für einen offenen und freundlichen Menschen – und plötzlich sagt jemand: »Du wirkst immer so ein bisschen abweisend!« – »Abweisend? Iiiich???« Oder Sie gelten als stark und selbstbewusst, dabei fühlen Sie sich häufig wie eine kleine Maus. Wie wir auf andere Menschen wirken, lässt sich überprüfen. Wir können beeinflussen, welche Ausstrahlung wir auf andere Menschen haben. Dafür müssen wir aber zunächst zwei Dinge wissen: Wie wir wirken möchten – und wie wir bereits jetzt wirken. Die Übung auf Seite 49 hilft Ihnen, dies herauszufinden.

Das Geheimnis einer faszinierenden Ausstrahlung

»Wenn man aussieht wie Holly Golightly, ist es eine leichte Übung, andere um den Finger zu wickeln«, meint Sophia skeptisch. »So bezaubernd wie sie werde ich niemals, auch nach allem Badezimmerzauber, nicht wirken.« Aber Aussehen ist nicht Wirkung!

Aussehen ist reine Äußerlichkeit. Das ist wie bei einer Schaufensterpuppe: Sie hat Idealmaße, an ihr sieht ein Designerkleid immer gut aus – aber hat eine Schaufensterpuppe eine einnehmende Ausstrahlung? Nein! Oder betrachten Sie die aktuell bekannten Partygirls wie Paris Hilton: Sie mögen hübsch sein, sie mögen eine tolle Figur haben, aber strahlen sie Klasse, Stil und Charme aus? Wirken sie gar charismatisch?

Ausstrahlung kommt von innen – es ist unsere Seele, die strahlt. Wir können andere Menschen mit unserer Ausstrahlung bezaubern, auch wenn unser Aussehen nicht idealen Maßstäben entspricht. Und Ausstrahlung ist nichts Gottgegebenes – obwohl viele Menschen das glauben. Es ist eben nicht so, dass manche Menschen ein Quäntchen mehr Wirkung in die Wiege gelegt bekommen haben als andere! Wer über Ausstrahlung verfügt, traut sich einfach etwas mehr, sich zu zeigen. Wir alle können also etwas für unsere Ausstrahlung tun, wir können unsere Wirkung auf andere beeinflussen.

Ausstrahlung hat vor allem etwas mit unserem Selbstbild zu tun. Wir haben es ja schon gesagt: Unsere Seele strahlt von innen heraus – das macht unsere Ausstrahlung aus. Wenn wir uns selbst nicht schätzen, wenn wir mit uns selbst nicht wie mit einem liebenswerten Menschen umgehen, dann vermitteln wir diese Geringschätzung nach außen.

Werfen wir einen Blick auf Holly. Sie verfolgt einen bestimmten Plan: Sie möchte einen reichen Mann, möglichst einen Millionär, heiraten. Und sie weiß: Ein solcher Traumprinz will eine Prinzessin an seiner Seite – keine Durchschnittsfrau. Ihr Geheimnis: Holly kürt sich selbst zur Prinzessin, und sie glaubt fest daran, dass sie eine ist. Sie ist etwas Besonderes – gerade weil sie tief davon überzeugt ist, etwas Besonderes zu sein. Sie ist eine außergewöhnliche Frau, sie ist kostbar – und sie wird sich nur einem kostbaren Mann schenken.

Diese Überzeugung prägt Hollys Denken und Handeln, und damit ihr Auftreten. Und dementsprechend wird sie auch von anderen behandelt. Inneres und Äußeres greifen ineinander.

Erlebe dich selbst und verhalte dich wie eine Lady – und du wirst wie eine behandelt werden.

Holly muss nicht aussprechen, dass sie eine Lady, eine Prinzessin ist. Im Gegenteil, es wäre sogar höchst irritierend, wenn sie darauf beharren und sagen würde: »Ich bin ein ganz besonderes Geschöpf.« Genau in diesem Moment hätte sie ihre faszinierende Ausstrahlung verloren. Wir würden denken: »Wie ist diese Frau denn drauf?« und uns gereizt über diese Überheblichkeit abwenden. Doch Holly ist nicht aufdringlich in ihrer Überzeugung – das macht sie umso glaubwürdiger.

Das Wissen, dass man etwas Besonders ist, trägt man in sich – nicht auf einem Schild auf der Stirn.

Auch Sie sind ein ganz besonderer Mensch. Machen Sie sich das bewusst! Nehmen Sie sich ein paar Minuten Zeit, um über die

Eigenschaften und Besonderheiten Ihrer Persönlichkeit nachzudenken, die Sie an sich schätzen. Es ist nicht überheblich und arrogant, darüber nachzudenken, sondern es zeugt von einem gesunden Selbstbewusstsein.

Die eigene Ausstrahlung steigern

Anfangs mag es etwas befremden oder vielleicht ein wenig anmaßend klingen, wenn man sich sagt: »Ich hätte gern mehr Ausstrahlung.« Manche Menschen empfinden es als unverschämt, sich so etwas zu wünschen. Wenn Sie sich auch bei diesem Satz ein wenig unwohl fühlen, aber doch das Bedürfnis haben, in Sachen Wirkung und Ausstrahlung etwas zu tun, dann haben wir einen kleinen, aber feinen Trick für Sie: Formulieren Sie Ihren Wunsch einfach um. Wie wäre es mit: »Ich möchte mich künftig auf Partys etwas mehr amüsieren. Und dafür ist es wichtig, das ich mich mit meiner Wirkung beschäftige.«

Klingt das anmaßend? Nein, gar nicht. Im Gegenteil: Es ist ein äußerst nachvollziehbarer Wunsch. Die Sehnsucht, auf einer Party gesehen zu werden, ist nicht überheblich, sondern ein sehr verständlicher Gedanke. Warum sollten Sie sonst auf eine Party gehen, wenn Sie sich nicht amüsieren wollten? Sie möchten Teil der Gemeinschaft sein, sich austauschen, vielleicht sogar nette Menschen kennen lernen – das ist der Sinn einer Party. Und um das zu erleben, ist es notwendig, von den anderen wahrgenommen zu werden, also ein wenig aufzufallen.

Natürlich könnten Sie auch Ihrem Wunsch eine gewisse Schwere verleihen, die Arbeit an Ihrer Ausstrahlung zu einem ernsthaften Projekt, einer Aufgabe machen – doch klingt das nach Spaß, klingt das nach einer Holly-Golightly-leichten Unbekümmertheit? Nein, nicht wahr? Angenehm aufzufallen, anziehend zu wirken – das ist keine Strafarbeit, sondern ein sommerlich leichtes Programm.

Betrachten Sie Partys als Spielwiesen, auf denen Sie mit Ihrer Ausstrahlung experimentieren können. Was Sie zunächst brauchen, ist ein bisschen Selbstsicherheit.

Viele Frauen gehen aber ungern allein auf Partys, wenn sie dort niemanden kennen – dabei ist das der größte Pool an aufregenden Möglichkeiten und Chancen. Diese Frauen erinnern sich daran, schon mehrfach an ein Weinglas geklammert am Rand gestanden zu sein. Geht es Ihnen auch so? Haben Sie auch kein Geheimrezept, wie man auf Menschen zugeht und diese auf ganz leichte Weise »anplaudert« ?

Eine angenehme, anziehende Ausstrahlung wird durch eine verinnerlichte Botschaft erleichtert. Wenn Sie schon gerne mit sich ausgehen, dann tun es die anderen auch. Nehmen Sie Partys als einen aufregenden Spaß, ein paar Stunden, in denen »bestimmt etwas passiert« und seien Sie gespannt darauf. Wen werden Sie kennen lernen, wen unvermutet treffen? Wird es ein Missgeschick, einen Skandal geben, eine Riesengaudi, eine unerwartete Mitternachtsüberraschung? Wie würde Holly auf so eine Party gehen? Sicherlich würde sie sich schon tagsüber darauf einstimmen. Ein Mittagsschläfchen, damit sie fit ist. Ein duftendes Bad. Ein neuer Lippenstift. Dabei stellen Sie sich vor, wie Sie bereits auf der Party sind und sich lachend und leicht mit Ihnen zunächst fremden Menschen unterhalten. Die Umsetzung gelingt Ihnen spielend, wenn Sie ein paar Türöffner für die Konversation beherzigen:

Finden Sie fünf Themen, über die zu reden Ihnen leicht fällt – auch mit einem Menschen, den Sie noch nicht kennen. Zum Beispiel:

- Sie lieben es, ins Kino zu gehen? Dann sind Filme für Sie wahrscheinlich ein gutes Gesprächsthema.
- Sie reisen gern? Auch darüber lässt sich gut plaudern.
- Haben Sie einen interessanten Beruf, dann halten Sie damit nicht hinter dem Berg.
- Hat Ihr Gegenüber einen spannenden Beruf, so fragen Sie interessiert nach.
- Vielleicht hat er oder sie auch einen außergewöhnlichen Namen. Wo stammt dieser Name her? Hat er eine Bedeutung?
- Was verbindet Sie beide mit dem Gastgeber oder der Bar, falls Sie nicht auf einer Party sind?

Sie können auf Menschen zugehen und sie in einem passenden Augenblick auf diese Themen ansprechen. Ganz unbemerkt werden Sie bald auch über weitere Themen selbstsicher und gelöst plaudern.

Blicken Sie Ihren Gesprächspartner an. Fragen Sie ihn nach seiner Meinung. Interessieren Sie sich wirklich für das, was Ihr Gegenüber zu einem Thema sagt. Falls Sie die Unterhaltung nicht interessiert, dann wechseln Sie das Thema oder den Gesprächspartner. Sie sind auf einer Party, Sie wollen sich amüsieren – Sie müssen sich nicht aus Höflichkeit langweilen.

Oder ist es eher so, dass Themen für Sie kein Problem sind, aber Sie nicht genau wissen, wie Sie sich vom Rand des Raums in ein Geschehen einklinken? Manchmal passiert das und es gibt nichts Schlimmeres als dann zu denken: O. K., die Party ist für mich gelaufen. Das wird nichts mehr, das merke ich schon. War ja klar, dass ich wieder niemanden kennen lerne. Warum habe ich eigentlich diesen ganzen Aufwand veranstaltet und mich so aufgebrezelt?

Falls Sie Schwierigkeiten haben, mit jemanden auf der Party

ins Gespräch zu kommen, hilft es Ihnen, mit einem »Wenn-dann«-Plan gewappnet zu sein. Zum Beispiel:

- Wenn ich nicht innerhalb von fünf Minuten mit jemandem im Gespräch bin, dann spreche ich einfach einen Menschen an und frage ihn, wer er ist.
- Wenn das Büfett eröffnet wird, dann gehe ich genau in dem Augenblick hin, wenn dort am meisten los ist. Durch die Enge kommt man schnell mit anderen Menschen in Kontakt
- Wenn ich einen Menschen entdecke, der mich interessiert, dann lächle ich ihn an (statt schüchtern wegzusehen).
- Wenn zwei andere Gäste Small Talk halten und ich schnappe Wortfetzen auf, die mich interessieren, steuere ich einfach einmal einen Satz bei, sozusagen als Versuchsballon.
- Wenn ich gar nicht weiterkomme, dann bitte ich den Gastgeber, die Gastgeberin, mir doch einen Menschen vorzustellen, mit dem ich Verbindungen oder Gemeinsamkeiten habe.

Besonders dann, wenn es früher nicht Ihre Art war aufzufallen und auf andere Menschen zuzugehen, ist es jetzt an der Zeit, dass Sie für sich selbst sorgen. Denn die Grundlage für eine positive Wirkung auf andere ist ein gutes Gefühl für sich selbst. Je positiver Sie sich selbst gegenüber eingestellt sind, desto selbstsicherer werden Sie wirken. Nutzen Sie Partys als Spiel- und Übungswiesen. Hier können Sie nichts falsch machen – und wenn Sie doch einmal in ein Fettnäpfchen treten: Lachen Sie – mit Charme verwandeln Sie auch diese Situation in einen harmlosen Scherz.

Selbstsicherheit ist wie ein Muskel, der sich dehnen und strecken will. Geben Sie ihm die Gelegenheit dazu – und in kürzester Zeit wird dieser Muskel locker und geschmeidig.

Je häufiger Sie Situationen aufsuchen, in denen Sie Ihre Ausstrahlung ausprobieren können, desto sicherer wird Ihr Auftreten werden – ob das nun in der Straßenbahn ist, auf einer Vernissage oder bei einem romantischen Dinner. Auch in Ihrem Arbeitsumfeld gibt es sicher eine Menge Menschen, die Sie noch nicht kennen. Gut möglich, dass die nur darauf warten, dass Sie endlich ein Gespräch eröffnen, denn vielleicht sind diese Menschen so zurückhaltend, wie Sie es einstmals waren.

Das Leben ist ein großes wunderbares Experimentierfeld, auf dem Sie Ihr Verhalten erproben dürfen. Sie können viel, haben viel erlebt und viel zu erzählen. Wieso es für sich behalten? Gönnen Sie anderen Menschen das Vergnügen, an Ihrer Persönlichkeit teilzuhaben. Oder stellen Sie sich vor, Sie spielten in einem Film mit – und Sie haben die Freiheit, Ihre Rolle nach Ihren Wünschen auszugestalten. Bilder dieser Art machen uns frei, neue Facetten an uns zu entdecken und zu gestalten.

Ein ganz besonderes Fluid: Charisma

Erinnern Sie sich an die Szene, als Holly wegen ihres Kontaktes zur Mafia verhaftet wird? Die Journalisten bedrängen sie, und es könnte eine ganz unangenehme und peinliche Situation werden. Doch selbst in diesem Augenblick schafft es Holly, die Situation so zu wenden, dass sie zu einem glanzvollen Auftritt wird.

Ein Teil von Hollys ganz besonderer Ausstrahlung ist ein gewisses Maß an Macht. Ihr gelingt es, andere – insbesondere Männer – um den Finger zu wickeln und sie dazu zu bringen, das zu tun, was sie möchte. Der chinesische Fotograf öffnet ihr auch weiterhin die Haustür, obwohl sie ihn permanent stört, der Verkäufer bei Tiffany behandelt sie mit Achtung und Wertschätzung, obwohl sie sich keines der Schmuckstücke leisten kann – und Paul ist so hingerissen von ihr, dass er ihr gern Gefallen auf Gefallen tut.

Holly übt ihre Macht jedoch nicht mit Gewalt aus, sie ist weder laut noch selbstherrlich. Sie geht stattdessen spielerisch vor, wirkt eher kindlich und ein wenig naiv – und erreicht dadurch, was sie möchte. Holly ist nicht diktatorisch, sondern einnehmend – und das ist Charisma.

Charisma wird meist Männern zugeschrieben, für Frauen wird tendenziell der Ausdruck Ausstrahlung gewählt. Das mag damit zusammenhängen, dass der Begriff Charisma eher mit Führungskraft in Politik und Wirtschaft in Zusammenhang gebracht wird – und solche Positionen werden in der Regel immer noch überwiegend von Männern eingenommen. Auch wenn unsere Gesellschaft und unsere Rollenbilder im Wandel begriffen sind, in Zeitungsartikeln findet man immer noch den charismatischen Mann und die Frau mit Ausstrahlung.

Es funktioniert auch andersherum: Fragt man in einer Gesprächsrunde nach charismatischen Persönlichkeiten, dann fallen zunächst meist die Namen von Männern: John F. Kennedy zum Beispiel oder Willi Brandt, Napoleon oder auch der Dalai Lama. Erst nach mehrmaligem Nachhaken nennen die Befragten die Namen von Frauen: beispielsweise Indhira Ghandi, Maria Callas oder auch Audrey Hepburn.

Es heißt übrigens, dass eine Frau dann Kultstatus erlangt hat, wenn man nicht mehr ihren Vornamen nennt, sondern sie als Verkörperung ihres Nachnamens bezeichnet: die Callas, die Hepburn.

Was Charisma tatsächlich bedeutet, ist schwer zu fassen. Jeder hat ein Gefühl davon, was sich hinter dem Begriff verbirgt – doch diese schillernde Zuschreibung wirklich begrifflich auf den Punkt zu bringen, das fällt den meisten Menschen schwer.

Charisma hat auch und ganz besonders etwas mit Macht und Einfluss zu tun. Charismatiker sind nicht einfach nur Personen, sondern es handelt sich hier um Persönlichkeiten. Von ihnen lässt man sich gern überzeugen, sie gewinnen uns durch ihr souveränes Auftreten, sie verfügen über eine große Anziehungskraft und können in uns Gefühle und Visionen wecken. Charismatische Persönlichkeiten stechen aus der Menge heraus, sie ziehen Bewunderung und Respekt auf sich – sie sind einfach anders als andere.

Studien und Umfragen nennen immer wieder vier Aspekte, die Charismatiker miteinander teilen. Charismatische Personen

- handeln außergewöhnlich – sie haben Mut,
- denken regelfremd – sie denken nach eigenen Vorgaben,
- sind von den Meinungen anderer unabhängig – sie hinterfragen kritisch und wertschätzen ihren eigenen Verstand,
- verkünden neue Gebote – sie stellen eigene Regeln auf, nach denen sie denken, fühlen, leben.

All diesen Wesensmerkmalen liegt ein stabiles und gesundes Selbstwertgefühl zugrunde. Charismatische Menschen sind von sich und ihrer Bedeutung überzeugt.

Viele Menschen halten an der Meinung fest, Charisma sei einer Person eigen, das ließe sich nicht antrainieren. Das stimmt – aber nur in gewisser Weise. Denn bei genauerer Betrachtung entpuppt sich Charisma nicht als einzelnes Wesensmerkmal, sondern als komplexes Bündel von Fähigkeiten, Eigenschaften und Verhaltensweisen. Und an denen können wir arbeiten. Ein Teil der Ingredienzien, die Charisma ausmachen, sind zum Beispiel:

- Selbstwert
- Selbstbewusstsein
- Offenheit
- ein gutes Körpergefühl

Im Laufe dieses Buches gehen wir auf diese Bestandteile und die Aspekte, die mit ihnen zusammenhängen, immer wieder ein. Darum bleiben wir an dieser Stelle etwas knapp. Aber ein Geheimnis möchten wir Ihnen jetzt doch noch verraten: Charisma kann man sich nicht selbst zuerkennen. Das machen ausschließlich andere. Denn beim Begriff Charisma handelt es sich um ein Prädikat, eine Auszeichnung.

Darum sollten Sie sich nun nicht vornehmen, sich in Charisma zu üben. Aber wie wäre es mit dem ersten angemessenen Schritt in Richtung dieser Auszeichnung, indem Sie mit Understatement erklären:

- Ich möchte meine Wirkung auf andere optimieren.
- Ich möchte mein Image neu definieren.
- Ich möchte verborgene Facetten an mir entdecken.
- Ich möchte mein Kommunikationsverhalten trainieren.

Das klingt doch schon ganz anders, nicht wahr? Überhaupt nicht überheblich – sondern verständlich und vor allem: machbar. Lassen Sie uns an dieser Stelle erforschen, über welche Ausstrahlung *Sie* bereits verfügen.

Sicherlich könnten Sie uns inzwischen mit schlafwandlerischer Sicherheit sagen, was Sie gut können und an sich lieben. Doch was macht Sie zu einem der besonderen Menschen, die von anderen sofort bemerkt werden, wenn Sie einen Raum betreten? Mit Aussehen hat das nur am Rand zu tun, denn wie gesagt: Ausstrahlung ist ein funkelnder Schein, der von innen heraus leuchtet.

HOW TO GO LIGHTLY

Um Ihrer Wirkung auf andere auf die Spur zu kommen, beantworten Sie folgende Fragen:

- Zeigt man Ihnen spürbar Anerkennung?
- Werden Sie geliebt?
- Hat Ihnen schon einmal jemand gesagt, was er oder sie ganz besonders an Ihnen schätzt?
- Geht man sorgsam mit Ihnen um?
- Sucht man Ihre Nähe?
- Gibt es Menschen, die Ihre Anregungen wünschen?
- Zeigt man sich gern mit Ihnen?

Freundinnen und liebe Vertraute können sehr hilfreich sein, wenn es darum geht, die eigene Ausstrahlung zu entdecken. Was würde Ihre Freundin antworten, würde man sie nach Ihrer Ausstrahlung befragen? Oder... vielleicht möchten Sie ihr mal ganz mutig direkt die Frage stellen: »Gibt es etwas, das mich von anderen Menschen unterscheidet?«

Es kann natürlich auch sein, dass Ihnen beim Lesen dieses Kapitels erst einmal auffällt, was Ihnen *fehlt*. Die erste Begegnung mit dem Thema Ausstrahlung kann etwas ausgehungert ausfallen. Dann ist es an der Zeit, sich mit bestimmten Bereichen

HOW TO GO LIGHTLY

Sie wünschen sich mehr Ausstrahlung – welche Bilder fallen Ihnen spontan dazu ein? Vielleicht sehen Sie sich im Gespräch mit einem Kollegen, vielleicht im Freundeskreis. Vielleicht ist das erste Bild, das in Ihnen nach Ausdruck sucht, auch eine Situation zwischen Ihnen und Ihrem Liebsten in inniger Zweisamkeit. Oder Sie sehen sich allein auf einer exklusiven Shoppingtour.

Halten Sie diese Bilder fest. Nehmen Sie Zettel und Stift und notieren Sie, was Sie gesehen haben, welche Wünsche in Ihnen spontan aufgestiegen sind.

im Leben etwas intensiver auseinanderzusetzen, um diese ein wenig glanzvoller zu gestalten.

Der Bereich, der Ihnen als Erstes einfiel, ist der Aspekt, der vorrangig einer Umgestaltung und Bereicherung bedarf. Räumen Sie dem Wunsch Priorität ein. In diesem Buch finden Sie unterschiedliche Anregungen, blättern Sie und finden Sie die Vorschläge, die am besten zu Ihrer Situation passen.

Und eines möchten wir Ihnen versichern: Sie wissen vielleicht im ersten Augenblick nicht, in welchen Momenten Sie bereits über eine einnehmende Ausstrahlung verfügen – aber Sie haben sie. Auch wenn Sie im Augenblick ratlos sind: Sie verfügen über Ausstrahlungskraft – und vielleicht ist Ihnen das so selbstverständlich, dass es Ihnen gar nicht auffällt. Dann besitzen Sie die schönste Ausstrahlungskraft: Authentizität.

Falls Ihnen jetzt der Gedanke kommt: Oh je, ich muss ja mein ganzes Leben ändern, es gibt so viele Bereiche, in denen ich meine Ausstrahlung intensivieren möchte – dann Geduld. Es lassen sich nicht alle Lebensbereiche auf einmal und sofort aufpolieren. Das wäre auch viel zu anstrengend. Ihr Unterbewusstsein hat Ihnen jedoch schon durch die ersten Bilder signalisiert, welche Sehnsucht am stärksten in Ihrem Herzen brennt. Es ist am besten, mit diesen Wünschen zu beginnen und nach und nach zu wachsen. Und Sie werden feststellen: Selbstsicherheit und Ausstrahlung sind keine punktuellen Erlebnisse. Charisma und Ausstrahlung sind Persönlichkeitsaspekte, die langsam wachsen und gepflegt werden wollen. Wenn Sie im beruflichen Umfeld mehr Wirkung erreichen wollen, dann wird das auch auf Ihr Privatleben abstrahlen. Beginnen Sie mit dem dringlichsten Bereich – die anderen folgen ganz automatisch.

Suchen Sie bewusst nach den Momenten, in denen Sie bereits wirken, und sammeln Sie diese in Ihrem Herzen. Ausstrahlung wächst am besten auf gut gedüngtem Boden.

Charme – kein Geschenk der Göttinnen

Holly Golightly hat ein ganz besonders Talent dafür, Menschen für sich einzunehmen. Mit einem strahlenden Lächeln schafft sie es, andere für ihre Ideen und Vorhaben einzuspannen – und ohne dass sie sich versehen, tun sie Holly bereits einen Gefallen. Denken Sie nur an die Szene, als Paul sie zum ersten Mal trifft: Er klingelt an ihrer Tür, weil ihm der Haustürschlüssel fehlt – und innerhalb von Minuten kniet er schon vor ihrem

Bett, um darunter Krokodillederschuhe zu suchen. Holly hat es geschafft, ihn in kürzester Zeit um den Finger zu wickeln. Und das mit einem unschuldig-strahlenden Lächeln. Wie könnte man dieser Frau etwas abschlagen?

Holly verfügt über eine große Portion Charme. Sie hat die Gabe, andere zu bezaubern und für sich einzunehmen. Dabei wirkt sie nie berechnend, sondern immer bezaubernd naiv und kindlich, geradezu unschuldig. Und dem Charme des kindlich reinen Herzens ordnet man sich gern unter.

Die Natur hat das sehr klug eingerichtet: Babys und Kleinkinder müssen über Charme verfügen, denn sie sind wehrlos allen Gefahren des Lebens ausgeliefert und brauchen Schutz und Unterstützung. Damit die Erwachsenen ihrer Umgebung ihnen diese Hilfe gewähren und ihre Ohnmacht nicht ausnutzen, wirkt bei Kindern das sogenannte Kindchenschema: runde Formen, große Augen, überproportional großer Kopf. Wir empfinden das sofort als niedlich – und diese Niedlichkeit appelliert an unsere Beschützerinstinkte.

Nun können wir als Erwachsene nicht auf unsere Niedlichkeit setzen, wenn wir etwas erreichen wollen. Bei uns spielt noch etwas anderes mit. Die bezaubernde Attraktivität der Holly Golightly ist eine Mischung aus Naivität, Macht und Selbstbewusstsein. Ihre Macht übt sie dabei eher spielerisch aus. Sie gibt sich gern ein wenig naiv und blickt Männer mit großen Augen an – so reizt sie deren Beschützerinstinkt. Naivität ist also nicht mit Dummheit gleichzusetzen!

Wenn Holly mit den Augen klimpert, dann fühlen sich die Männer belohnt – und das ist das Geheimnis: Wer charmant ist, gibt dem anderen das Gefühl, etwas Besonderes zu sein. Das funktioniert mit kleinen Komplimenten oder ganz einfach, indem man ein Lächeln schenkt. Und der andere wird sich stets belohnt fühlen. Eine freundliche Geste, die von Herzen kommt, zeigt Wertschätzung – und öffnet Herzen.

Charme ist ein Geschenk, das beide erfreut: den Gebenden, weil etwas zurückfließt, und den Empfangenden, der sich bereichert fühlt.

Jede Frau kann Charme haben, es ist kein Geschenk der Göttinnen. Die Gabe zum charmanten Einwickeln liegt in uns – wir müssen sie uns nur wieder etwas bewusst machen und mit Freude und Genuss ausleben.

Stellen Sie sich eine Skala von 1 bis 10 vor. Die 1 steht für »Kratzbürste« (ganz ohne Charme), die 10 für das Charming Girl. An welcher Stelle würden Sie Holly Golightly einordnen?

»Für mich ist die Sache klar«, meint unsere Freundin Barbara und setzt ihr Kreuzchen bei der 10. Julia sieht Holly auf Stufe 9, und Carola entscheidet sich für Stufe 8, weil sie Holly in manchen Situationen als ein wenig anmaßend empfindet. Über den Charming-Faktor von Filmfiguren lässt sich übrigens wunderbar diskutieren – probieren Sie es einmal mit ihren Freundinnen aus.

Noch interessanter ist allerdings, an welcher Stelle Sie ein Kreuz für Ihren persönlichen Charming-Faktor setzen würden. Wie weit ist der von Holly entfernt? Sind Sie in Sachen Charme ebenfalls ein Sparbrötchen, wie es sich bei uns zeigte?

Wie schätzen Ihre Freundinnen Sie ein – sehen diese Sie charmanter als Sie selbst?

Charme ist Übungssache. Leider verlieren wir das manchmal aus dem Blick. Viele unserer Tage sind bis zur letzten Minute durchgeplant, wir müssen reibungslos funktionieren, um unser

Soll zu erfüllen. Und abends lassen wir uns müde in den Sessel fallen – da bleibt wenig Platz für ein verspielt-verschmitztes Lächeln. Das Schöne aber ist, dass es uns nur wenig Zeit und keine Mühe kostet, unseren Charme zu reaktivieren. Es ist wie mit dem Fahrrad fahren: So etwas verlernt man nie wieder.

Charme ist ein wirklicher Herzensöffner, und er funktioniert nach den Regeln der Resonanz. Wer etwas gibt, erhält etwas zurück:

- Wir schicken ein Lächeln in die Welt – und erhalten Tausende dafür geschenkt.
- Wir machen ein kleines Kompliment – und werden mit Entgegenkommen und Dankbarkeit belohnt.
- Wir zwinkern einem Kind zu – und es grinst verschämt zurück.

Durch Ihr Lächeln, Ihr Kompliment zeigen Sie anderen Ihre Wertschätzung für sie. Sie lassen Ihr Gegenüber fühlen: Du bist etwas ganz Besonderes – und schon schmilzt es dahin und tut (fast) alles für Sie.

Je häufiger Sie das Leben wie einen großen Tanzsaal genießen, desto mehr Glamour und Anziehung wird Ihnen begegnen. Das kann auch an der Aldi-Kasse sein. Es kommt immer darauf an, wie Sie diese Kassensituation und den Menschen, der dahinter sitzt, erleben und sehen. Im Übrigen freuen sich besonders Kassiererinnen, wenn ihnen ein charmantes Lächeln entgegengebracht wird und reagieren aufgeräumt und freudig. Ungeahnte Momente werden dadurch möglich, denn manchmal schalten sich noch Menschen ein, die vor oder hinter Ihnen in der Schlange stehen. Vom Motzen »Noch eine Kasse öffnen« kennt man das. Wie würde aber die freundliche Variante wohl aussehen? Sie sehen schon: Supermärkte sind ein wunderbarer Übungsplatz, öde Situationen mit einem Zauber zu versehen.

Ist es bei Ihnen schon etwas länger her, dass Sie bewusst versucht haben, die Welt durch Charme in ein goldeneres Licht zu tauchen? Dann ist es höchste Zeit für ein kleines Stretchingprogramm für Ihren Charmemuskel.

HOW TO GO LIGHTLY

Wenn Sie das nächste Mal Ihre Wohnung verlassen und auf die Straße gehen, dann lächeln Sie. Denken Sie an etwas Schönes – vielleicht dass die Sonne scheint, dass Sie einen freien Tag haben, vielleicht haben Sie auch etwas besonders Schönes vor. Lassen Sie die anderen Passanten an Ihrer guten Laue teilhaben, indem Sie sie im Vorübergehen *anlächeln.*

Sie werden staunen, wie oft Sie im Gegenzug angelächelt werden, wie oft man Ihnen ein Lächeln zurückschenkt, weil man Ihre Ausstrahlung so charmant findet. Aber eine kleine Regel sollten Sie noch kennen: Die Menschen lächeln nur dann zurück, wenn Sie im Moment des Augenkontaktes mit Lächeln beginnen. Dauergrinser werden eher als merkwürdig empfunden. Die Augen wandern weg, und keiner fühlt sich angesprochen.

Damit Sie Ihren Charmemuskel geschmeidig halten, sollten Sie dem bewussten Lächeln einen festen Platz in Ihrem Leben einräumen. Der geeigneteste Weg dafür ist der Flirt – diese wunderbar unverbindliche Annäherung zwischen zwei Menschen. Wie könnten wir besser die Vielseitigkeit unseres Charmes entdecken als im spielerischen Umgang mit einem netten Gegenüber.

Denken Sie nun sofort an einen Mann? Stopp: Sie können auch mit einem Wellensittich flirten. Sicher fängt dieser sofort an, vor Wonne zu tirilieren. Ganz sicher ist ein Flirt möglich mit:

- einem Kind,
- einer älteren Dame,
- dem Angestellten an einem Bankschalter,
- einem Zugschaffner,
- einem Polizisten (Vorsicht: Beamtenbestechung!),
- einer Zeitungsverkäuferin,
- einem Briefträger,
- einem Nachbarn,
- und natürlich: einem interessanten Mann in einem Café.

Wir flirten in den unterschiedlichsten Situationen, oft ohne es bewusst zu merken. Roger Willemsen erzählte einmal, dass er mit seinen Interviewgästen flirtet, damit eine angenehme Gesprächsstimmung entsteht.

Ein Flirt ist bei weitem nicht nur sexuell motiviert. Wir können immer dann einen freundlich harmlosen Flirt einsetzen, wenn wir einen Menschen um einen Gefallen bitten. Und dafür ist Holly ein wunderbares Vorbild.

»Würden Sie mal so süß sein und unter dem Bett nachsehen, ob Sie Krokodillederschuhe finden?«

Wer andere Menschen um einen Gefallen bittet, braucht Charme, Gelassenheit und den inneren Freiraum, auch mit dem

Unerwarteten leben zu können. Wenn wir andere um etwas bitten, kann es immer sein, dass sich unser Gegenüber unter der Erfüllung dieses Gefallens etwas anderes vorstellt, als wir uns das gedacht haben.

Diesen Freiraum gelassen hinnehmen – das macht einen Teil des Charmes aus, denn Charme hat nichts mit Kontrolle zu tun. Wer über andere bestimmen möchte und ihnen keinen Bewegungsspielraum lässt, der verbreitet eine schlechte Stimmung. Holly kontrolliert überhaupt nicht. Sie verteilt lieber kleine Küsschen als Belohnung. Und ihre Umgebung – besonders die Männer – ist bestrebt, Hollys Wünsche zu erfüllen, um diese Belohnung zu erhalten.

Holly ist eine wunderbare Mischung aus kapriziöser Diva und liebenswert-anspruchsvoller Zicke. Und sie schafft es, Männer in Sekunden für sich einzunehmen. Manchmal wirkt sie eher wie eine kleine verzogene Person, die sich eine Spur zu wichtig nimmt. Müssen Sie schmunzeln? Ja, wir auch. Und dennoch schließen wir sie ins Herz und wären selbst gern bereit, ihr einen Gefallen zu tun.

Das Besondere liegt darin, *wie* Holly ihre kleinen Anweisungen ausspricht:

Sie formuliert höfliche Bitten, die immer im Konjunktiv gehalten sind: »Würden Sie mal so süß sein und unter dem Bett nachsehen, ob Sie Krokodillederschuhe finden?«

Sie wartet die Antwort nicht ab, sondern geht davon aus, dass ihre Bitten selbstverständlich erfüllt werden und wechselt nach dem Aussprechen ihrer Bitte sofort das Thema oder verlässt den Raum.

Holly lässt anderen gar keinen Raum für Widerspruch und Ausflüchte. Und sie bedankt sich mit einem entwaffnenden Lächeln und einer charmanten Wertschätzung: »Sie waren süß. Ohne Sie wäre ich nie rechtzeitig fertig geworden.«

Und Paul schmilzt dahin. Fortan weicht er Holly kaum von der Seite. Er wandelt sich in einen hilfsbereiten Geist. Und er beschwert sich nicht, sondern kommt gern Hollys Wünschen nach. Warum tut er das? Ist er bereits verliebt? Oder mag er es prinzipiell, eine Frau zu bedienen?

Ganz ähnlich geht es Freunden und Familienmitgliedern von Sophia. Sie versteht es wunderbar, gleichzeitig kopflos und charmant hilflos zu sein. Eine Frau am Rande des Nervenzusammenbruchs – aber nur, wenn sie jemanden dazu bringen möchte, ihr einen Gefallen zu tun.

»Was ist denn?«, ruft man Sophia besorgt hinterher, wenn sie durch die Wohnung fegt und stöhnt. »Ich kann nicht mehr. Ich bin echt überlastet. Und jetzt noch die Flaschen zum Altglascontainer zu bringen – das ist einfach zu viel.« Aber anstatt ihr nun das Riechsalz zu reichen und Tipps zur besseren Selbstorganisation zu geben, greifen die meisten Menschen zur Plastiktüte mit den leeren Flaschen und beschwichtigen sie: »Ach, lass doch. Ich muss auch noch zum Container und nehme deine Flaschen mit.«

»Wirklich?«, haucht Sophia und klimpert mit den Augenlidern. »Dass du das für mich machst! Danke!« Sie ist vollkommen gerührt und hingerissen. »Für mich hat noch niiieee! jemand Flaschen zum Altglas gebracht. Das ist das erste Mal in meinem Leben!«

Das stimmt nicht so ganz, Sophia. Wir waren alle schon einmal dran. Es gibt fast niemanden in Sophias Freundeskreis, der nicht mindestens einmal Altglas entsorgte, den Müll mit hinunternahm, sie vom Zug abholte, sie zum Flughafen fuhr, etwas für sie einkaufte oder ihr bei der Renovierung half. Aber das macht nichts: Wir nehmen ihr gern Dinge ab, denn Sophia ist so süß, wenn sie mit ihren Wimpern klimpert. So ein unschuldiges ... nein, nicht Lamm: Luder.

Ähnlich muss es Paul gehen, wenn er von Holly für ihre Zwecke eingespannt wird. Ein rehzarter Blick – und schon ist jeder Widerstand und jede Gereiztheit verflogen.

Der rehzarte Blick geht von unten nach oben: Die Augen gekonnt aufschlagen, den Kopf leicht gesenkt halten, vielleicht über den Rand einer Sonnenbrille blinzeln – und Dankbarkeit und Bewunderung in den Blick legen.

Es ist seltsam, eigentlich müsste man sich über so eine verwöhnte Göre doch aufregen. Das tun wir aber nicht, im Gegenteil, wir sind froh darüber, ihr einen Gefallen zu tun.

Wir bekommen nämlich etwas zurück. Da liegt der Unterschied zwischen Ausnutzen und Einspannen. Die Gegenleistung kann materiell sein – ein Honorar, ein Geschenk – oder auch immateriell: ein Lächeln, Dankbarkeit, eine Aufwertung, Bewunderung. Das verstehen Holly und Sophia ganz wunderbar. Helfen wir ihnen, dann fühlen wir uns gut, weil sie uns das Gefühl geben, ihnen einen besonderen Dienst erwiesen zu haben.

Und was diese beiden können, das können Sie auch! Belohnen Sie Menschen für Gefallen mit einem rehzarten Blick, zeigen Sie Dankbarkeit und Bewunderung für die so wundervoll erfüllte Bitte. Machen Sie ein nettes Kompliment – und im Nu haben Sie eine Schar von Helfern und Anhängern (mehr dazu im Kapitel »Warum Netzwerke und Freunde so wichtig sind«).

Authentizität – eine Zigarettenspitze macht noch keine Diva

Denken Sie zurück an den Film *Frühstück bei Tiffany* und wählen Sie eine Szene, in der Holly ihren ganzen Charme einsetzt. Vielleicht der Moment, als Holly den chinesischen Fotografen nachts aus dem Bett klingelt und er ihr vollkommen gereizt entgegenschleudert, sie solle sich endlich einen Haustürschlüssel nachmachen lassen. Holly lächelt ihn süß an und erwidert: »Ach, das wäre zwecklos, ich verliere sie ja doch alle.«

Wirkt dieser Moment wie eine Inszenierung? Haben Sie das Gefühl, Holly spielt eine Rolle? Nein. Was sie versprüht, ist der Charme der Unbekümmertheit – hier ist nichts einstudiert, diese Sorglosigkeit und Leichtigkeit kommt von innen.

Es gibt zwei Möglichkeiten, die eigene Ausstrahlung zu steigern: geplant und gespielt – oder ungeplant und ganz natürlich, mit anderen Worten: *authentisch*. Wenn Sie diesen Unterschied erkennen, sind Sie schon fast so charmant wie Holly selbst.

Allerdings taucht sofort ein Problem auf: Unsere Wirkung auf andere ist am größten, wenn wir ganz authentisch sind, denn dann sind wir wir selbst und ganz unbekümmert um unsere Wirkung. Dann fallen wir auf, weil wir uns keine Gedanken darüber machen, ob wir auffallen; dann stehen wir im Mittelpunkt, weil wir nicht darüber nachdenken, ob wir wohl auch tatsächlich wirken und im Mittelpunkt stehen. Das ist natürlich am Anfang gar nicht so einfach. Aber es ist die wichtigste Essenz bei allem angenehmen und natürlichen Auffallen: Sie dürfen es selbst gar nicht merken, sondern müssen es leben. Auch wenn Sie jetzt denken, dass Sie dafür nicht geschaffen sind, bleiben Sie an diesem Thema dran. Es ist nur eine Sache der Übung und der Verinnerlichung. Beim Autofahren denken Sie ja auch nicht mehr ans Schalten.

Wenn wir unsere Ausstrahlung aufpolieren wollen, wenn wir neue Facetten an uns entdecken und zeigen möchten, dann sind wir zunächst alles andere als unbefangen. Denn wir machen uns ja gerade Gedanken darüber, wie wir wirken, wie wir unsere Ausstrahlung steuern können. Wir befinden uns in einer Übungsphase. Wir probieren uns selbst aus.

Unbekümmertheit braucht Selbstsicherheit, um sich entfalten zu können.

Gestehen Sie sich diese Übergangsphase ein. Sobald Sie selbstsicherer geworden sind, wird Ihr vergleichender Blick auf die Umgebung und sich selbst seltener werden – wenn Sie die Ausstrahlung entdeckt haben, die zu Ihnen passt.

Julia Golightly

Unsere Freundin Julia, Mutter von mehreren Kindern, war zu Recht der Meinung, dass – nachdem die Kinder mehrere Jahre im Vordergrund ihres Lebens gestanden hatten und inzwischen aus dem Gröbsten heraus waren – nun sie selbst wieder einmal an der Reihe wäre. Auch ihr Mann unterstützte sie darin. Und so dauerte es nur wenige Tage, bis wir die Einladung erhielten, Julia bei einer Shoppingtour zu begleiten. Als gute Freundinnen fühlten wir uns gleichermaßen geehrt und verpflichtet, unserer Freundin bei der Suche nach sich selbst zu begleiten.

Doch unsere Überraschung war groß, als Julia mit uns im Schlepptau nicht wie erwartet in die gut sortierte Damenabteilung eines gehobenen Kaufhauses zog, sondern zielsicher

Boutiquen ansteuerte, in denen das Publikum im Durchschnitt weniger als halb so alt war wie wir. Dort zwängte sich Julia in Hüfthosen, Stretchkleider und abenteuerlich enge Tops – ohne allerdings fündig zu werden.

Es dauerte anderthalb Stunden, bis wir uns ein Herz fassten und Julia auf ihre ungewöhnlichen Shopping-Ziele ansprachen. Glücklicherweise saßen wir inzwischen in einem stillen Café bei einem wohlverdienten Cappuccino. Kaum hatten wir unsere Frage gestellt, da brach Julia auch schon in Tränen aus. Sie war ratlos, fühlte sich gealtert und langweilig – und die vielen viel zu engen und zu jugendlichen Kleidungsstücke hatten ihren Frust noch verstärkt.

Was hier zutage trat, konnten wir gut verstehen: Nachdem sie jahrelang hinter ihren eigenen Kindern zurückgestanden hatte, hatte Julia ihre eigenen Persönlichkeitsfacetten aus dem Auge verloren. Sie wusste, dass sie Mutter war – aber darüber hinaus? Welcher Stil passte zu ihr als Frau? Worin bestand ihre Linie – und wer war sie, nun nach all den Jahren?

Julia wollte gern wieder jung, unbekümmert und offen für alles Neue sein – und daran war sie kläglich gescheitert. Wir trösteten sie und überlegten gemeinsam, was nun zu tun sei. Im Grunde war Julias Motivation klar und einleuchtend: Sie wollte neu beginnen und hatte sich dafür an Dingen orientiert, die im Augenblick im Trend lagen. Sie wollte sich gern ad hoc eine neue Persönlichkeit verschaffen. Und dafür suchte sie ein Vorbild.

Doch leider hatte sich Julia keine Gedanken darüber gemacht, welche Facetten an ihrem Vorbild wirklich zu ihr passten. Kurz gesagt: Julia wollte ein Vorbild komplett kopieren – und nicht ihren eigenen Stil entwickeln. Sie wollte sich eine neue Persönlichkeit überstülpen, ohne zu prüfen, ob diese Persönlichkeit wirklich zu ihr passte.

Julia war unsicher darüber, wer sie war, und wollte diese Unsicherheit überspielen, indem sie eine Rolle annahm. Das kann nicht funktionieren. Auf diese Weise werden wir zu Rollenträgern, zu Kopien, aber nicht zu Persönlichkeiten.

Als gute Freundinnen nahmen wir uns Zeit für Julia und überlegten gemeinsam mit ihr, was ihre Persönlichkeit ausmacht, worin ihre Stärken liegen, welche ihre ganz unverwechselbaren Eigenheiten sind. Und Julia schilderte uns, welche Seiten und Merkmale sie davon gern verstärken würde: Sie wollte gern weniger mütterlich, sondern stattdessen ein wenig sexy wirken. Weiblichkeit und Flirt waren die Stichworte, die ihr sofort einfielen. Doch in den jugendlichen Modeläden, in denen wir zunächst gewesen waren, fand man diesen erwachsenen Sexappeal nicht.

Gemeinsam suchten wir nach einem Stil, nach einem Ausdruck, der zu Julias Ideen passen könnte – und zogen dann erneut los, um diesmal zielgerecht zu shoppen. Das Ergebnis war überwältigend: Julia war begeistert – und ebenso ihr Mann.

Werden Sie ein Original – und keine Kopie!

Wenn wir das Gefühl haben, wir möchten etwas erneuern, mehr Schwung in unser Leben bringen, dann wollen wir am liebsten alles sofort und auf einmal umkrempeln. Doch das endet dann oft so wie bei Julia: Wenn wir nicht wissen, wer wir sind und was wirklich zu uns passt, werden wir schlechte Kopien unserer Vorbilder.

Doch darum kann es nicht gehen. Werfen wir erneut einen Blick auf Holly Golightly

Holly ist ganz sie selbst, sie lässt sich von anderen keine Vorschriften machen und lebt höchst charmant und stilvoll nach eigenen Regeln. Das ist wunderbar anzusehen und lädt zur Nachahmung ein. Doch wenn wir uns einfach große Hüte aufsetzen, überdimensionierte Sonnenbrillen tragen und alle Männer »Herzchen« oder »Darling« nennen – dann wirken wir nicht wie Holly Golightly, sondern wie ein Abziehbild von ihr. Wenn wir Holly zu unserem Vorbild küren, so ist ihre erste Lektion: Sei ganz du selbst. Das ist ihr Geheimnis.

Wir bemerken schnell bei anderen, ob ein Verhalten echt oder nur Fassade ist – und wir können sicher sein, dass andere dies auch an uns entdecken. Deshalb macht es keinen Sinn, auf Biegen und Brechen Verhaltensweisen zu trainieren, die uns völlig fremd sind und die nicht zu uns passen. Aus einer schüchternen grauen Maus wird über Nacht kein Partyluder, dem Luxusweibchen nimmt man die Ökobäuerin nur schwerlich ab. Und die wortkarge Informatikerin wird vermutlich nie seichten Small Talk betreiben. Aber wozu auch? Es geht nicht darum, dass Sie ein anderer Mensch werden. Viel zentraler ist, dass Sie mehr Sie selbst werden, dass Sie die unterschiedlichen Seiten an sich entdecken und zeigen. Sie sollen und wollen sich keine vollkommen neue Ausstrahlung zulegen, sondern Ihre ganz persönliche Wirkung erweitern und verschönern.

Authentizität ist die Grundvoraussetzung für Ausstrahlung. Entdecken, kultivieren und lieben Sie Ihre persönlichen Eigenheiten!

HOW TO GO LIGHTLY

Worin sich gestellte und authentische Verhaltensweisen unterscheiden, können Sie am besten bei einer Party oder einem Lounge-Besuch feststellen. Gönnen Sie sich Ihren Lieblingscocktail an der Bar und beginnen Sie Ihre Studien: Welche Menschen, insbesondere Frauen, fallen Ihnen durch eine natürliche Präsenz auf? Und welche sind nur lärmend und laut? Wie kommen Sie zu dieser Unterscheidung? Worin liegen die Unterschiede im Verhalten? Gibt es Menschen, die Sie anziehen? Warum?

Nachfolgend finden Sie Anregungen, wie Sie die Facetten Ihrer Persönlichkeit entdecken und »aufpolieren« können. Nehmen Sie diese Anregungen als das, was sie sind: als Vorschläge. Probieren Sie aus, was zu Ihnen passt, und nehmen Sie sich Zeit, herauszufinden, womit Sie sich wohlfühlen.

»Ich bin in New York, weil ich noch nie in New York war«

oder: Wie Sie frischen Wind in Ihr Leben bringen

Im vorhergehenden Kapitel haben wir darüber gesprochen, dass Charisma beziehungsweise Ausstrahlung aus einem ganzen Bündel von Verhaltensweisen besteht. Charismatische Persönlichkeiten zeichnen sich durch Selbstbewusstsein aus, sie sind gern so, wie sie sind. Sie übertreten Konventionen und schaffen eigene Regeln. Charismatiker sind entscheidungsfroh, offen, anspruchsvoll – und die Basis ihres Verhaltens ist ihre Selbstsicherheit.

In diesem Kapitel beschäftigen wir uns in erster Linie mit den Aspekten, die Holly Golightlys Charisma ausmachen. Wir begeben uns auf die Spuren ihrer Ausstrahlung und suchen nach den Holly-Golightly-Faktoren, die wir auf unser Leben übertragen können.

Sie sind einzigartig!

Erinnern Sie sich an die kleine Szene, in der Holly zu Paul sagt: »Ich war schon immer anders.« Holly sagt dies, als handele es sich um eine Selbstverständlichkeit, über die nicht lange gesprochen werden muss. Sie ist anders – und das ist auch gut so.

Und wie ist es mit uns? Sind wir auch ganz selbstverständlich anders und eigen? Denken Sie einmal zurück an Ihre Pubertät. Wollten Sie damals »normal« sein? Klang »normal« nicht schrecklich? Langweilig und bieder, dröge und ereignislos, berechenbar und belanglos – so erschien uns damals der Alltag unserer Eltern. In der Pubertät begehrten wir dagegen auf und wagten es, von einem ausgefalleneren Leben zu träumen. Wir trauten uns, aus den gewohnten Bahnen auszubrechen und uns neu zu erfinden. Eltern wie Lehrer reagierten ebenso erschrocken wie empört: »Du bist ja ganz anders!«

Ja, das waren wir – und wir waren stolz darauf. Gut, vielleicht fühlten wir uns von unserer Andersartigkeit auch manchmal ein wenig eingeschüchtert, doch im Grunde liebten wir unseren neuen, unseren eigenen Weg, den wir gerade einschlugen. Erst später wuchs die Furcht vor der eigenen Courage, diesen Weg auch weiterzugehen.

Wie war es bei Ihnen? Wahrscheinlich wie bei uns allen: Nach der Ausbildung oder dem Studium suchten Sie sich einen Job, hatten plötzlich Kollegen, mussten in einem Kollektiv agieren – und ehe Sie sich versahen, glichen Sie sich den anderen an. Es ist gut möglich, dass dies zunächst langsam und sozusagen schleichend geschah. Sie haben es gar nicht bewusst registriert. Da war das Sportcenter, in das alle gingen; die Bar, in der immer gefeiert wurde; die wirklich schicken Hosenanzüge, die viele trugen. Und schließlich hatten auch Sie ein Etikett auf der Stirn. Es war anders beschriftet als das in der Schulzeit, und alle Ihre Arbeitskolleginnen und -kollegen trugen es auch – und zwar genau das gleiche. Die unausgesprochene Vereinbarung lautete: »Wir, die wir mit diesen Etiketten versehen sind, wir gehören zusammen, wir sind ein Team. Jeder mit so einem Etikett kann zu uns stoßen.«

Vielleicht wollten Sie sich anfangs gar nicht unbedingt daran gewöhnen, aber so nach und nach ... Und schließlich tranken Sie, die immer Wein bevorzugt hatte, plötzlich Prosecco – und das, obwohl er Ihnen gar nicht richtig schmeckte! Aber andere tranken ihn auch, es galt als schick, und etwas anderes war außerdem gar nicht mehr zu erhalten. Also, was soll's, ist doch nicht so wichtig – so haben Sie vielleicht gedacht. Und auf diese Weise haben Sie nicht gemerkt, wie Sie sich immer mehr mit Ihrem Etikett arrangierten. Mit jedem Schluck Prosecco verloren Sie ein Stückchen Ihrer Einzigartigkeit.

Es geht uns allen so. Und in den frühen Phasen unseres Lebens ist es auch wichtig. Wenn wir anfangen, uns von unserem Elternhaus zu lösen und auf eigenen Beinen zu stehen, dann suchen wir nach einer Gemeinschaft, der wir von nun an angehören können. Zumeist sind das die Arbeitskollegen oder die Mitglieder eines Clubs oder Vereins, dem wir beigetreten sind.

Doch nach und nach wächst unsere Selbstsicherheit. Je besser wir uns selbst kennen lernen, je reifer wir sind, desto selbstbewusster werden wir. Wir müssen uns im Laufe unseres Lebens immer weniger auf Äußerlichkeiten berufen, um zu wissen, wer wir sind. Das Etikett auf unserer Stirn verblasst – und schließlich können wir es einfach wegwerfen: Wir sind eins mit uns selbst, darum brauchen wir diesen Flitter nicht mehr. Wir lernen, uns selbst in unseren Eigenheiten wertzuschätzen.

Sind Sie so weit? Sind Sie bereit, alte Zöpfe abzuschneiden und ein wenig aus der Reihe zu tanzen? Sind Sie bereit, zu Ihren Eigenheiten, Ihren Vorlieben und Abneigungen zu stehen? Denken Sie an Holly Golightly. Wenn sie festgestellt hätte, dass sie Prosecco nicht mag, hätte sie ihn nicht in ihrem Glas geduldet. Sie hätte Champagner verlangt – und auch erhalten.

Werfen auch Sie Ungeliebtes über Bord! Wenn Sie erkennen, dass Sie bestimmte Sachen nicht mehr in Ihrem Leben haben wollen: hinaus damit. Das ist nur unnötiger Ballast, der Sie beschwert. Geben Sie stattdessen der Leichtigkeit eine Chance und greifen Sie nach dem, was Ihnen wirklich schmeckt!

Fallen Ihnen jetzt sofort Szenen oder Situationen ein, in denen Sie nicht mehr so agieren wollen wie bisher? Vielleicht sind es auch Momente, in denen Sie endlich von Ihrer Familie, Ihren Kollegen oder Ihren Freunden anders gesehen werden wollen.

- Stellen Sie die Möbel in Ihrer Wohnung um – genau so, wie Sie sich gerade fühlen! Wer sagt, dass ein Sofa immer an der Wand stehen muss? Ab in die Mitte damit!
- Nehmen Sie das Gespräch in Angriff, das Sie schon seit so langer Zeit mit Ihrer Chefin führen wollen. Informieren Sie sie ganz offen darüber, dass Sie sich beruflich verändern, mehr Verantwortung übernehmen möchten. Möglicherweise hat Ihnen Ihre Vorgesetzte eine spannende Perspektive zu bieten.
- Lassen Sie sich endlich auf das Blind Date ein, das Ihre beste Freundin schon so lange vorschlägt. Das ist *die* Gelegenheit, um einfach auszuprobieren, wie es sich anders lebt – gern auch im kleinen Schwarzen in der Bierkneipe an der Ecke.
- Melden Sie sich zu der Kamel-Safari durch die Wüste an, von der Sie schon so lange träumen, buchen Sie die Trekkingtour durch die Anden, mit der Sie schon seit Jahren liebäugeln oder gehen Sie nach Florenz und lernen Sie endlich Italienisch. Das wollten Sie doch schon lange!
- Sprechen Sie für eine Hauptrolle vor oder singen Sie die erste Stimme.

Bestimmt sind Ihnen zahlreiche Dinge eingefallen, die Sie endlich einmal ausprobieren wollen oder von denen Sie schon so lange träumen. Trauen Sie sich! Wann sonst, wenn nicht jetzt? Wer anders, wenn nicht Sie?

Und wenn Sie dennoch Skrupel haben, dann schicken Sie

gedanklich zunächst Holly Golightly vor, damit Sie sich nach und nach anhand ihres Vorbilds mit der neuen Situation vertraut machen können.

Sie sind einzigartig – stehen Sie dazu!

Nicht nur Holly, auch Sie haben Lebenstalent. Greifen Sie zu und machen Sie das Beste daraus! Nicht alles klappt beim ersten Mal, vielleicht ist das erste Blind Date ein Reinfall, vielleicht ergibt sich beim Gespräch mit Ihrer Chefin zunächst nichts Neues – aber das macht nichts. Oftmals brauchen wir ein wenig Übung oder einen zweiten Anlauf, damit etwas gelingt. Das ist völlig in Ordnung.

Wirklich schlimm ist es nur, wenn Sie nie den ersten Schritt wagen – denn das bedeutet, dass Sie niemals Ihr Ziel erreichen können. Wenn wir immer nur das tun, was wir immer getan haben, wenn wir stets lieb und berechenbar bleiben, dann fallen wir nicht auf. Es können noch so viele faszinierende Facetten in uns angelegt sein: Wenn wir sie nicht polieren und ins rechte Licht rücken, dann bemerkt sie niemand. Also: mutig ins Neue! Sie können nicht verlieren!

Weg mit alten Zöpfen

Wir haben uns während unseres Erwachsenwerdens Etiketten und Verhaltensweisen zugelegt – doch es gibt auch Zuschreibungen und Angewohnheiten, die viel, viel älter sind: »Ich war schon immer so zurückhaltend, schon als Kind« oder auch:

»Mein Leben lang schon bin ich so vergesslich und tollpatschig«. Verhaltensweisen, an die wir uns gewöhnt haben, und Eigenschaften, die wir seit Jahren nach außen zeigen, geben uns und unserer Umgebung eine trügerische Sicherheit: Wir und unsere Mitmenschen wissen, was wir von uns zu halten haben.

Doch beschleicht Sie nicht auch manchmal das Gefühl, dass da etwas nicht stimmen kann? Zwar sagen alle, Sie seien so introvertiert, aber tief in Ihnen rumort etwas und wehrt sich gegen diese Zuschreibung.

Die erste Charakterbeschreibung findet in unserer Kindheit durch unsere Herkunftsfamilie statt. Als kleine Tochter wurde wir Bekannten und entfernteren Verwandten vorgestellt als:

- still und zurückgezogen
- draufgängerisch wie ein Junge
- bescheiden und hilfsbereit
- intelligent und aufmerksam

Oftmals war damit auch eine bestimmte Rolle verbunden:

- Sie ist unser Familienkasper.
- Sie ist wählerisch wie eine Primaballerina.
- Sie ist so ein putziges, ungeschicktes Ding.
- Sie kümmert sich als Älteste sehr verantwortungsbewusst um ihre jüngeren Geschwister.

Was wir mit unseren Kinderohren hörten, war die Beschriftung eines Etiketts. Wenn man uns nur oft genug sagt, dass wir still und zurückgezogen oder putzig und ungeschickt sind, dann werden wir uns schließlich auch so verhalten. Das galt als Kind, das gilt auch heute.

Es ist zum Beispiel ganz leicht, einen Menschen zum verunsicherten Nervenbündel zu machen, wenn man ihm nur häufig genug eintrichtert: »Du bist so schnell erschöpft. Entspann dich doch mal, du siehst immer so ausgelaugt aus. Du regst dich einfach immer zu schnell auf.« Selbst der ausgeglichenste Mensch beginnt sich eines Tages zu fragen, ob er wirklich so gelassen ist, wie er immer dachte – da er doch offensichtlich so ganz anders wirkt.

In der Kindheit glauben wir unseren Eltern – und zwar alles! Tausende von Kindern sind überzeugt von der Existenz des Osterhasens und des Weihnachtsmanns, einfach nur, weil ihre Eltern das behaupten. Es dauert Jahre, bis sich Kinder von diesen Vorstellungen lösen.

HOW TO GO LIGHTLY

Nehmen Sie Zettel und Stift zur Hand und notieren Sie die Zuschreibungen und Sprüche, die Sie als Kind und Jugendliche immer wieder erfahren haben. Wie wurden Sie von anderen beschrieben? Welche Formulierungen und Bilder haben Ihre Eltern benutzt? Sagt man das immer noch über Sie? Wie lauten die heutigen Beschreibungen Ihrer Person.

Sammeln Sie die Aussagen und betrachten Sie jede einzelne. Sind Sie das wirklich? Möchten Sie diese Etiketten weiterhin auf der Stirn tragen oder gehören einige davon heute ins Altpapier?

Welche Eigenschaften möchten Sie stattdessen haben? Wie sollten Freunde, Kollegen und Verwandte Sie beschreiben?

Eltern sind für ihre Kinder nun einmal Respekts- und Autoritätspersonen. Ihr Wort hat Gewicht. Sie sorgen für das Wohlergehen ihrer Kinder und erklären ihnen die Welt – und damit auch deren eigene Person. Wer als Kind immer wieder gehört hat: »Du musst doch nicht so schüchtern sein«, der erfährt dadurch keine Ermutigung, sondern lernt über sich selbst: »Ich bin schüchtern und alle merken es auf den ersten Blick.«

In der Pubertät stellen wir viele dieser Zuschreibungen infrage. Doch an manchen halten wir auch fest – bis wir eines Tages einer Roman- oder Filmfigur begegnen, die uns anspricht und berührt, obwohl sie so vollkommen anders ist als wir. Dies ist ein Indiz, dass sich ein Etikett gelockert hat. Es ist an der Zeit, sich dessen Beschriftung genau anzusehen und ihre Berechtigung neu zu überdenken.

Muss denn immer B auf A folgen?

Oft sind es äußere Ereignisse, die Bewegung in unser Leben bringen. Eine neue Bekanntschaft eröffnet uns überraschende Horizonte, Filme oder Bücher wecken ein schlafendes Bedürfnis – und etwas in uns sagt: »Jetzt ist es an der Zeit.« Dieses Erlebnis gibt uns den notwendigen Kick, um etwas Neues anzugehen, den nächsten Schritt zu wagen: Wir möchten endlich so unbekümmert leben wie Holly Golightly oder eine so tiefe Liebe finden wie Julia Roberts in *Notting Hill*. Vielleicht wollen wir auch im Beruf neue Wege gehen und wie Melanie Griffith in *Working Girl* mit Pfiff und Köpfchen die Konkurrenz ausbooten, um den Karriereschritt zu machen, von dem wir schon so lange träumen. Bei Holly klopft mit Paul das Glück an die Tür – auch wenn sie noch eine Weile braucht, um das feststellen zu können.

Sich zu erneuern und wie eine Schlange zu häuten, das findet sich im Denken verschiedenster spiritueller Richtungen wieder. Manche Lehren sprechen von sieben Jahren, in denen ein Mensch sich von Grund auf verändert, andere beharren darauf, dass es sich um neun Jahre handelt. Und in der Astrologie findet sich die Überzeugung, dass bestimmte Planetenkonstellationen einen prägenden Einfluss darauf haben, wann wir welche Veränderungen ins Auge fassen sollten.

Neu beginnen, das Alte hinter sich lassen – das gehört zum Laufe eines jeden Lebens. Manche Menschen geben diesen Impulsen gerne nach, andere sind eher zögerlich. Doch wir alle wissen: Leben ist Wandel. Umzüge in verschiedene Lebens- und Gedankenwelten gehören einfach dazu.

Holly ist so freundlich im Umgang mit sich selbst, dass sie sich diese Wandlungen zugesteht – im Großen wie im Kleinen. So hat sie ihren Mann verlassen, um unter einem anderen Namen ein neues Leben in New York zu beginnen. Und wenn sie feststellt, dass ein Verehrer ihr zu hartnäckig ist, dann flüchtet sie schon einmal aus dem Badezimmerfenster. Sie blockiert sich nicht, sondern greift die Impulse auf, die das Leben ihr bietet.

Leichtfüßig die Tanzböden zu wechseln – ist das denn erlaubt? Ist das nicht ein Zeichen von Flatterhaftigkeit und Unentschlossenheit? Aber nein! Entscheidungen umzuwerfen, um sich neu zu orientieren, das zeugt von Lebendigkeit und Weiterentwicklung. Unsere Seele will wachsen und Neues erfahren, deswegen sind die Häutungen in unserem Leben so wichtig! Wer stets am Alten festhält, sich an Gewohntes und Bekanntes klammert, der hat innerlich bereits resigniert!

Wir hören es von Jugend an: »Mann muss zu seinen Entscheidungen stehen!« »Wer A sagt, muss auch B sagen.« »Sei nicht so wankelmütig!« Erinnern Sie sich?

»Das ist doch viel zu starr!«, begehren Sie jetzt vielleicht auf – und Holly Golightly wäre sicherlich auf Ihrer Seite. Meinungen ändern sich nun einmal und Überzeugungen übrigens auch. Ehen werden geschieden, Verträge gelöst, Automarken gewechselt, Urlaubspläne verworfen. Nur wir sollen immer die Gleichen bleiben? Das kann ja wohl nicht sein!

Die meisten Entscheidungen, die man wieder verwirft, verändern nicht zwangsläufig das ganze Leben. Oftmals bedeutet es, dass wir früher gefällte Entschlüsse der aktuellen Situation anpassen, das kann viele Vorteile mit sich bringen. Etwas umzuwerfen, hinter dem man eben noch stand, zeigt, dass man sich erneut Gedanken gemacht hat und dadurch zu neuen Schlüssen gekommen ist.

Je besser Sie den Beteiligten Ihre Gründe darlegen können, desto seltener wird man die neue Entscheidung mit Launenhaftigkeit verwechseln. Viele Menschen sind sogar sehr erleichtert, wenn andere einmal zugeben: »Meine Meinung hat sich geändert.«

Sie sind nun einmal durch und durch lebendig – und Leben heißt Wandel.

Wandlungen sind ein Zeichen von Lebendigkeit. Unsere Seele will wachsen und sich entfalten. Darum ergreifen Sie die Möglichkeiten zur Weiterentwicklung freudig! Das Leben pflückt Ihnen damit ein paar Sterne vom Himmel!

Sie möchten sich von alten Fesseln befreien und mehr Raum für Unbekümmertheit schaffen? Hier ein paar Vorschläge, wie Sie dieses Lebensgefühl in Ihren Alltag integrieren können:

- Scheuen Sie sich nicht und tauschen Sie den nächsten Fehlkauf unbedingt um oder lassen Sie sich das Geld dafür wieder auszahlen! Das ist Ihr gutes Recht als Kundin. Hand aufs Herz: Die Hoffnung »Na, eines Tages werde ich dies zu irgendeiner

Gelegenheit anziehen können« erfüllt sich in der Regel doch äußerst selten, nicht wahr?

- Sagen Sie eine Einladung, die Ihnen ohnehin nicht so wichtig ist, einfach ab – und zwar ohne langwierige Begründungen oder gar Verteidigungsreden!
- Ändern Sie beim nächsten Restaurantbesuch Ihre Bestellung, nachdem Sie diese bereits aufgegeben haben (aber warten Sie damit lieber nicht zu lange).
- Vereinbaren Sie mit Ihrem Liebsten ein Essen in einem exklusiven Restaurant nach einem Theaterbesuch – und wenn Sie spontan mehr Lust auf einen Hamburger haben, dann entscheiden Sie sich ganz einfach um, und genießen Sie gemeinsam Fast Food in Abendrobe!
- Verwandeln Sie Ihr ruhiges Geburtstagsfest spontan in eine ausgelassene Party. Beiseite mit den Möbeln und die Tanzmusik aufgedreht!

Entscheidungsfreudigkeit spricht sich herum. »Sie ist auf einmal so schön überraschend«, wird man nun von Ihnen sagen. »Eine Party bei ihr? Ich bin gespannt! Außerdem möchte ich dieses Event auf gar keinen Fall verpassen!«

Mut zu Wandel ist eine sehr gefragte Eigenschaft und eng verwandt mit der Spontaneität. Wenn Sie sich bislang in dieser Hinsicht ein bisschen zögerlich verhalten haben, wie wäre es also mit einem kleinen Stretching? Der Muskel des Entscheidungsfrohsinns ist schnell wieder geschmeidig und stark – und mit ihm viele weitere Holly-Golightly-Faktoren, ohne dass Sie sie bewusst trainiert hätten.

Spontaneität – der Schlüssel zu einem Glück voller Leichtigkeit

Erinnern Sie sich an die Filmsequenz, in der Holly und Paul beschließen, einen Tag lang all die Dinge zu tun, die sie noch nie getan haben? Die Folge ist ein wundervoller Tag in New York – angefüllt mit witzigen und ungewöhnlichen Erlebnissen für beide. Nicht ist geplant, alles erlaubt, stets wird spontan entschieden. Holly und Paul wirken an diesen Tag glücklich, unbeschwert und ausgelassen.

Spontaneität ist in unserem Leben meist Mangelware. Zu sehr sind wir durch Job, Familie, gesellschaftliche Verpflichtungen, Moral und Erziehung in unsere Alltagskorsetts eingeschnürt und sehen nur wenige Möglichkeiten, aus dem Gewohnten einmal auszubrechen. Eine spontane Party im Wohnzimmer? Was werden die Nachbarn sagen?! Ein abendlicher Kinobesuch mit der ganzen Familie? Aber die Kinder müssen morgen früh doch in die Schule! Ein heißer One-Night-Stand mit dem aufregenden Mann dort drüben an der Bar? Das macht man doch nicht!

Durch unsere Bedenken und Zögerlichkeiten entgeht uns eine ganze Menge – einfach weil wir nicht den Mut haben, es einmal auszuprobieren. Vielleicht haben Ihre Nachbarn ja Lust mitzufeiern und entpuppen sich als echte Partykracher! Ihre Kinder verkraften einmal eine kurze Nacht sehr gut und werden dafür diesen schönen Kinoabend nie vergessen. Und wer weiß, vielleicht ist der Mann dort an der Bar die große Liebe Ihres Lebens?

Wer nichts wagt, der nichts gewinnt – das wussten schon unsere Großmütter. Und Sie sind doch bestimmt mutiger als Ihre Großmutter, oder?

Beginnen Sie damit, dass Sie auf die kleinen und spontanen

Impulse und Regungen achten, die sich in Ihnen melden. Hören Sie auf Ihr sogenanntes Bauchgefühl – beim Essen funktioniert das doch auch ohne Probleme, nicht wahr? Und wenn es in einem Bereich klappt – warum sollte Ihr Bauchgefühl sich nicht auch in anderen Bereichen vernehmlich melden?

- Keine Lust auf Winter? Dann unternehmen Sie doch einen Kurztrip in den Süden, eine Woche kann Wunder wirken. Oder machen Sie sich den Sommer selbst: Gehen Sie ins Solarium und dann mediterran Essen.
- So ein Kribbeln im Bauch, als dieser Typ das Lokal betritt? Lächeln Sie ihn an, setzen Sie Signale.
- Nicht in Opernlaune? Gehen Sie in der Pause.
- Lust zu tanzen? Schieben Sie die Möbel beiseite, legen Sie eine CD ein, und los geht's!

Wenn wir der eigenen Lust folgen, dann führt sie uns sehr oft zu Dingen und Situationen, die uns mehr als guttun: Sie schenkt uns bereichernde Augenblicke, die uns erheitern, die uns glücklich oder dankbar machen.

Sicherlich haben Sie wenig Lust, mit einer Tiermaske auf dem Gesicht durch Ihre Stadt zu laufen – obwohl das vielleicht auch einmal eine Erfahrung wert wäre. Wenn Sie sich aber in einem neuen Outfit oder Verhalten erproben möchten, dann ist eine Stadt schon einmal nicht schlecht. Besonders große Städte bieten Vielfalt, nicht nur was Historie und Kultur angeht, sondern auch bezüglich der Menschen, die dort leben. Nehmen Sie zum Beispiel Berlin. Der Punk sitzt neben dem Banker in der U-Bahn. Es gibt die ganz feinen Ladys, Ökos, biedere Menschen und Künstler. Alle flanieren auf dem Ku'damm auf und ab. Die gleiche Vielfalt finden Sie in München, Hamburg, Frankfurt, Wien, Paris oder Lissabon. Wie wäre es mit einem Ausflug in eine große Stadt? Ihr Vorteil: Sie lernen eine Metropole kennen und können sich ganz anders geben als daheim. Hier kennt Sie niemand und die Vielfalt der Stadt macht möglich, dass Sie sich gestaltungsmäßig einmal richtig austoben können. Toller Fummel, den Sie daheim nie tragen? Raus aus dem Schrank und in den Koffer. Oder ganz edel für die Oper? Packen Sie alle Ihre Klunker ein. Noch nie auf hohen Schuhen durch Shopping Areas flaniert? Rein in die Dinger und dann losgestöckelt (aber vergessen Sie die Fußcreme nicht!).

Fremde Städte sind ein Tor zu neuen Erfahrungen. Sie können dort an Sicherheit gewinnen. Haben Sie Ihre erste rauschende Ballnacht in Wien erlebt, wird es Sie nicht weiter irritieren, kommt jemand in Ihrer Heimatstadt mit den Worten auf Sie zu: »Wie siehst du denn aus? So chic kenne ich dich gar nicht!« Sie antworten dann nämlich ganz gelassen: »Ach komm... ich trage das doch öfter!«

Probieren Sie immer wieder verschiedene Outfits aus. Wie wollen Sie denn sonst wissen, was Ihnen steht und wie Sie darin wirken? Mit ganz natürlicher Sicherheit werden Sie am Schluss bei den Kleidungsstücken hängenbleiben, in denen Sie sich wohl fühlen und die zu Ihrem Leben passen.

Verlassen Sie sich mehr und mehr auf Ihre inneren Impulse. Unser ureigenes Navigationssystem irrt sich nie!

Selbstbewusst »Nein« sagen können

Menschen, die ihre eigenen Grenzen kennen und sich selbst respektieren, sind beliebt. Sie sind verlässlich im Umgang mit anderen und man kann ihnen vertrauen, denn sie werden ihr Wort halten. Man glaubt ihnen, wenn sie etwas zusichern, und man nimmt ihnen ein Nein nicht übel, denn man weiß, dass es durchdacht und überlegt ausgesprochen wurde.

Vielen Frauen bereitet es allerdings Schwierigkeiten, Nein zu sagen. Sie wollen niemanden verletzen oder vor den Kopf stoßen. Doch wir können es nicht allen Menschen recht machen. Sie kennen es sicherlich auch aus Ihrem Alltag: Wenn wir keine Prioritäten setzen und jeden Gefallen, um den wir gebeten werden, erfüllen wollen, dann hetzen wir von Termin zu Termin, von Aufgabe zu Aufgabe – und letztlich erledigen wir alles nur halb und unzureichend. Die Folge: Wir sind unzufrieden mit uns selbst, und unsere Freunde, Arbeitskollegen, Vorgesetzten, Familienmitglieder – also alle, die uns um etwas gebeten haben – sind es auch, weil sie sich mehr erhofft hatten, als wir zusagten, dass wir uns darum kümmern würden ... Letztendlich stoßen wir auf diese Weise wesentlich mehr Menschen vor den Kopf, als wenn wir bei der einen oder anderen Angelegenheit deutlich Nein gesagt hätten.

Und so ein Nein hat auch einen weiteren Vorteil: Es zieht die Aufmerksamkeit auf uns. Nur wenig ist beeindruckender als eine Frau, die sich (zum Beispiel in einem beruflichen Meeting) rege am Gespräch beteiligt, innovative Ideen zum Thema einbringt – und dann Nein sagt, wenn man ihr anträgt, bei der Umsetzung dieser Ideen mitzuwirken. Sie lehnt dies ab – und das nicht aus Bockigkeit, sondern weil sie einfach nicht möchte. Ausschweifende Begründungen sind gar nicht notwendig. Was für ein Mut!

Haben Sie das schon einmal erlebt? Und haben Sie diese Frau nicht insgeheim bewundert? Vielleicht war es eine Kollegin, die kein zusätzliches Projekt übernehmen wollte, oder eine Freundin, die ein Date ablehnte, nachdem sie auf einer Party einen Mann kennen gelernt hatte. Sicherlich ist Ihnen auch aufgefallen, was dann passierte: Das Ansehen Ihrer Kollegin wuchs, und Ihre Freundin wurde von dem abgewiesenen Kavalier noch heftiger umworben. Und das alles wegen eines kurzen Neins.

Auch Holly kann Nein sagen. Sie hat zum Beispiel in der Vergangenheit ein Angebot ihres Agenten abgelehnt. Er verschafft ihr eine große Rolle, setzt alles daran, um Holly darauf vorzubereiten, und sie taucht zu dem Drehtermin einfach nicht auf. Unmöglich! Und was passiert? Ihr Agent verstößt sie nicht, sondern liegt ihr fast zu Füßen. Er bewundert Holly, weil sie so mutig »anders« ist und stellt für sie sofort die Kaution, als Holly wegen ihrer Mafiakontakte verhaftet wird. Wenn Holly etwas will, dann hält sie nichts davon ab – und wenn sie nicht will, dann bringt sie nichts und niemand dazu, zähneknirschend von ihrem Weg abzuweichen. Was für eine Frau!

Ein Nein zur rechten Zeit macht begehrt. Man muss es aber auch selbstbewusst und laut sagen. Kleine Ursache, große Wirkung. Probieren Sie es aus!

Zugegeben, die meisten von uns wurden nicht zum Neinsagen erzogen. Wir haben gelernt, dass ein Nein Ablehnung oder geringen Respekt bedeutet. Doch gerade das Gegenteil ist der Fall: Menschen mögen es, wenn sie sich auf ein Ja verlassen können – und das geht nur, wenn der Sprecher auch Nein sagen kann. Der Partner des Ja ist nun einmal das Nein – wer das eine nicht sagen kann, kann auch das andere nicht einhalten.

Sie kennen das doch sicherlich auch von anderen Menschen: Sie hoffen, dass jemand Ihnen in beruflicher Hinsicht einen Gefallen erweist, vielleicht eine Tür öffnet. Der andere hat zugestimmt, hat versichert: »ja, klar, das mache ich« – und Sie warten nun hoffnungsfroh auf die weiteren Entwicklungen. Doch: Nichts tut sich. Sie werden mit Hinhaltemanövern abgespeist: »Ich hab's vergessen«, »Ich habe ihn noch nicht erreicht«, »Sie ist im Urlaub«. Diese ausweichenden Antworten vermitteln unterschwellig, dass dieser Mensch Ihnen eigentlich nie eine Zusage geben wollte, sich aber nicht traute, Ihren Wunsch abzuschlagen. Stattdessen werden Sie nun mit Halbheiten vertröstet. Wie lästig und unerfreulich – und wie unzuverlässig.

Ein Nein ist in solchen Fällen schon allein deswegen wohltuend, weil wir dann wissen, woran wir sind. Und ein Ja vom selben Menschen ist uns umso vertrauenswürdiger.

Menschen, die Nein sagen können, wissen, was sie wollen. Wir können uns darauf verlassen, dass sie ehrlich mit sich selbst und auch mit uns umgehen. Andersherum gilt dies natürlich auch: Wenn wir Nein sagen können, dann bringt man uns Respekt und Vertrauen entgegen.

Neinsagen kann man lernen. Es begegnen uns täglich zahlreiche Situationen, die wir als Trainingseinheiten für uns nutzen können:

- Sagen Sie Nein, wenn jemand Sie in einer Kassenschlange bittet, ihn vorzulassen und Sie selbst auch nur wenig Zeit haben.
- Sagen Sie Nein, wenn der Kellner sein übliches »War's recht?« nuschelt und das Essen dieses Lob nicht verdient.
- Sagen Sie Nein zu Angeboten, die Ihnen nicht gefallen.
- Sagen Sie Nein zu beruflichen Perspektiven, die nicht Ihren Vorstellungen und Zielen entsprechen.
- Sagen Sie Nein, wenn alle Champagner trinken und Sie lieber eine Cola hätten.
- Und vor allem: Sagen Sie oft genug Nein, wenn ein Mann versucht, Ihr Herz zu erobern. Aber Vorsicht: Hier sind Fingerspitzengefühl und eine wohlbedachte Modulation gefragt. Ihr Nein sollte ihn anstacheln und nicht vergraulen. (Es sei

denn, Sie möchten ihn eindeutig abweisen!) Ein zartes Nein, wirkt in diesen Fällen sogar noch intensiver.

Stellen Sie sich vor, wie Holly Golightly reagieren würde. Wie würde sie Nein sagen? Machen Sie es ihr nach. Falls Ihnen zu Beginn Ihrer Trainingsphase das Nein zu schwer über die Lippen kommt, dann wählen Sie zunächst eine vorsichtigere Nein-Variante, um sich nach und nach zu steigern:

- Im Augenblick lieber nicht.
- Ich muss noch einmal darüber nachdenken.
- Können wir später noch einmal darüber sprechen?
- Das fühlt sich für mich nicht stimmig an.
- Vielleicht ein anderes Mal.

Ich will mich zeigen, wie ich bin!

Erinnern Sie sich an die ausgelassene Party in Hollys Wohnung? In einer Szene setzt Holly mit ihrer überlangen Zigarettenspitze zunächst den Hut einer Dame in Brand, möchte dann von einem anderen Gast die Uhrzeit erfahren, dreht dazu dessen Handgelenk um – und leert dabei sein Whiskeyglas aus, direkt über dem brennenden Hut, der dadurch gelöscht wird. All das geschieht, ohne dass Holly auch nur irgendetwas davon mitbekommt. Unbekümmert plaudert sie währenddessen mit ihren Gästen. Holly scheint einen humorvollen Schutzengel zu haben.

Diese Szene illustriert sehr hübsch und anschaulich Hollys Charakter. Unbeschwert tanzt sie durch die Welt und amüsiert sich ganz wunderbar. Sie macht sich keine Gedanken, ob sie jemandem mit ihrem Verhalten vor den Kopf stößt. Und sollte sich doch einmal jemand über sie beschweren – wie der chinesische Fotograf –, dann lächelt sie hinreißend und lässt alle Widerstände dahinschmelzen.

Leider ist unser Alltag anders – oft grauer, sorgenbelasteter, in Bahnen vorgezeichnet. Nur selten gehen wir ganz unbeschwert durch den Tag, und sehr oft machen wir uns Gedanken, was andere wohl von uns denken: »Wenn ich dies mache, dann wird meine Kollegin das denken und so und so reagieren.« Die Reaktionen, die wir uns dabei vorstellen sind oft negativ. In andere Köpfe zu fantasieren bremst die eigenen Impulse ab. Sie sind dann mehr mit dem beschäftigt, was passieren könnte, als mit dem, was wirklich passiert. Gedankenlesen funktioniert meist nicht. Es hält Sie nur davon ab, sich zu zeigen wie Sie sind.

Ist Ihnen schon einmal aufgefallen, dass viele von uns Frauen nicht einfach ein Lokal betreten? Nein? Zahlreiche Frauen schauen sich zunächst um und schätzen ab, ob sie zu sehr oder zu wenig auffallen. Sie versetzen sich in die Köpfe der anderen Gäste und kalkulieren, ob sie wohl gut ankommen oder nicht. Passt die gewählte Kleidung zum Etablissement, gibt es womöglich eine Frau, die dasselbe trägt?

Danach geht das Abtasten der Außenwelt und der eigenen Position in ihr weiter: Frauen überlegen sehr sorgfältig, wohin sie sich setzen: An die Bar – oder wirkt das zu aufdringlich? Dort hinten in die Ecke? Aber das ist zu sehr am Rand. Und wie sieht es aus, wenn sie einfach so allein dasitzt, womöglich, ohne etwas zu lesen? Ist die Frisur in Ordnung? Bemerkt jemand den Schmuck? Diese Gedankenketten sind fesselnd und hinderlich. Und Menschen bemerken es, wenn sich jemand zu sehr am Außen orientiert. Erst dann beginnt eine Situation »komisch« zu werden.

Männer hingegen betreten einfach eine Bar oder ein Café,

suchen sich irgendeinen Platz, wählen ein Getränk und sehen sich dann um – und zwar meist nach einer Frau.

Sie merken schon: Frauen richten ihre Aufmerksamkeit stark nach außen, nicht nach innen. Wenn wir uns aber in erster Linie von dem lenken lassen, was andere vielleicht in uns erkennen könnten, dann sind wir weder lebendig noch spontan, sondern verkörpern eher eine abstrakte Idee oder ein Konzept unserer selbst: »Seht her, ich bin eine Frau, die so und so ist und darum dieses und jenes tut.« Aber selten erkennt man dahinter tatsächlich diesen Menschen, den wir gern darstellen würden.

Holly hingegen geht unbekümmert ihren Weg – und gerade das macht ihren Reiz aus. Doch auch wir haben die Gabe der Natürlichkeit. Früher, als kleine Mädchen, konnten wir sie ohne Zögerlichkeiten ausleben. Wir waren eins mit uns und mit dem, was uns bewegte. Wir haben uns nicht darum geschert, was andere von uns dachten. Damals verfügten wir über einen unbekümmerten, natürlichen Charme, mit dem wir unsere Umwelt bezauberten.

Kleine Kinder kalkulieren ihr Verhalten nicht. Wenn sie lieben, dann lieben sie, wenn sie traurig sind, dann weinen sie. Sie sind ehrlich und zeigen ihre zarte Seele offen – und verantwortungsvolle Erwachsene gehen vorsichtig damit um. Erst später entdecken Kinder, dass sie mit ihrem Verhalten andere Menschen beeinflussen können. Aus Trauer wird dann Schmollen, Wutanfälle erhalten ein bestimmtes Ziel, und ein Lächeln verfolgt eigene Absichten. Der Charme der unbewussten Natürlichkeit verblasst.

Nun können Sie selbstverständlich sagen: »Ja, als Kind kann man sich ganz natürlich verhalten – als Erwachsene lebt man in ganz anderen Zwängen.« Doch werfen wir wieder einen Blick auf Holly Golightly: Sie ist Frau *und* unbekümmert. Auch als Erwachsene hat sie sich eine natürliche Unbeschwertheit bewahrt. Das bedeutet nicht, dass ihr ihr Aussehen und Auftreten gleichgültig sei, das nun gewiss nicht – aber sie wirkt in keiner Sekunde des Filmes manipulativ, und das obwohl sie Männer gründlich um den Finger wickelt. Holly weiß um sich und ihren Sexappeal, aber sie lebt ihn nicht als Rolle, nicht als Konzept. Sie ist, wie sie ist – faszinierend und in gewisser Weise merkwürdig.

How to go lightly

Stellen Sie sich vor, Sie wären ein kostbares Parfum, das einen einzigartigen Duft verströmt, der sich von den Millionen und Abermillionen Düften dieser Welt unterscheidet – einfach weil er *Ihr Duft* ist. Wie beschreiben Sie Ihren unverwechselbaren Duft? Sie sind eher:

- würzig
- blumig
- leicht
- frisch
- zurückhaltend
- sportlich
- elegant
- sexy
- geheimnisvoll
- verführerisch

Stellen Sie Ihre ganz persönliche Liste zusammen. Entdecken Sie Ihre Einzigartigkeit. Vielleicht möchten Sie darüber ein wenig länger nachdenken und abwägen oder eine Freundin befragen.

Nehmen Sie sich die Zeit, die Sie brauchen, denn Sie sind etwas ganz Besonderes.

Holly Golightly mag sich selbst – das ist das Geheimnis ihrer Natürlichkeit. Sie muss sich nicht verstellen, um andere zu beeindrucken, sie gibt sich genauso, wie sie ist. Dadurch werden die Menschen, die sie umgeben, niemals zu ihrem Publikum, Holly missbraucht andere nicht, um die eigene Eitelkeit zu stillen, weil sie von sich selbst ausreichend Beifall erhält.

Spüren Sie Ihre eigene Stärke und Ihren Stolz. Machen Sie sich bewusst, dass Sie ein liebenswürdiger Mensch sind, wertvoll und für andere Menschen eine Bereicherung. Sie sind einzigartig!

Das mag ich an mir!

»So bin ich, und so will ich auch sein!« Dieser Satz klingt gut, nicht wahr? Wer das von sich sagen kann, ist rundum glücklich. Wie geht es Ihnen? Trifft diese Beschreibung auf Sie zu? Vielleicht nuscheln Sie den Satz noch etwas verlegen durch die Zähne hindurch, doch nach und nach werden Sie ihn deutlicher und selbstbewusster aussprechen.

Und sicherlich gibt es vieles in Ihrem Leben und an Ihrer Person, mit dem Sie zufrieden sind. Wissen Sie, worum es sich dabei konkret handelt? Können Sie es benennen?

Welche Wesenszüge finden Sie auf den Listen, die Sie bereits in den Übungen auf den Seiten 84 und 98 erstellt haben? Stehen da Persönlichkeitsmerkmale wie Zuverlässigkeit, Treue, Nächstenliebe und Toleranz? Wunderbar! Sie sind ein guter Mensch – und wir sind es auch. Denn auch auf unserer Liste finden sich Begriffe dieser Art. Holly Golightly hätte sich wohl auch so beschrieben.

Was diesen wertvollen Werten jedoch vollständig fehlt, ist der Sexappeal. Sie sind so gut und brav, dass man am liebsten vor Ihnen ehrfürchtig auf die Knie sinken möchte. Es ist gut, wenn man gut ist – aber Hand aufs Herz: Sie haben doch auch ein paar Seiten an sich, die nicht ganz so stubenrein sind und die Sie trotzdem lieben, oder?

HOW TO GO LIGHTLY

Nehmen Sie sich drei Minuten Zeit, um mindestens zehn Ihrer Eigenschaften und Wesensmerkmale zu notieren, die Sie mit Keckheit, Frechheit und Sexappeal aus der Bravheitszone katapultieren. Vielleicht haben Kollegen, Männer, Partner oder Freundinnen Ihnen schon einmal zugeflüstert, was sie sexy an Ihnen finden. Gut möglich, dass Sie selbst auf Schnappschüssen von Ihnen selbst entdeckten, was Ihren Sex und Charme ausmacht. Seien Sie nicht bescheiden, sondern zählen Sie wild und mutig auf. Sie wollen doch *anders* werden! Holly Golightly ist stolz auf ihre knisternde Ausstrahlung. Sie liebt ihren Sexappeal. Also... schwärmen Sie von sich!

1. ______________________
2. ______________________
3. ______________________
4. ______________________
5. ______________________
6. ______________________
7. ______________________
8. ______________________
9. ______________________
10. ______________________

Ein bisschen Keck- und Frechheit ist nämlich auch sehr schön – das Sahnehäubchen auf all der Heiligkeit sozusagen. Denn das ist der Glanz und Glitter, mit dem Sie Ihre Ausstrahlung steigern – wenn andere sagen: »Es ist immer wieder aufregend, mit dir auszugehen« oder: »Dein wundervolles Lachen – unschlagbar!« *Das* ist doch das berühmte Salz in der Suppe, diese kleine, aber feine Zutat, die aus fadem Wasser etwas Schmackhaftes macht! Vielleicht ist es der Tanz, der Sexappeal aus Ihnen herauslockt. Sexappeal ist eine wunderbar leichtes Geschenk des Lebens. Sie werden dadurch voll und ganz zur Frau. Leidenschaftlich, weiblich und begehrenswert.

Es sind kleine Frechheiten, zarte Keckheiten, knisternde Momente, die unser Leben aufregend, erotisch und sexy machen.

Und, sind Ihnen mehr als zehn Merkmale eingefallen? Oder wollen Sie noch immer ein bisschen die wohlerzogene und tugendhafte Lady geben? Wir sagen ganz bewusst »geben«, denn selbst wenn Sie es nicht wahrhaben wollen, auch Sie verfügen über erotische Geschmacksverstärker.

Vielleicht sind diese Eigenschaften nicht auf den ersten Blick zu entdecken – aber sie sind da: verborgen in Ihrem Herzen, in Ihren Träumen, in Ihren Wünschen. Und wenn Sie daran denken, dann verwandeln sich diese knisternden Traumsequenzen in Bilder oder ganze Szenen, in denen Sie sich selbst sehen können, wie Sie genau diese Eigenschaft ausleben. Im Kopf beginnt die Veränderung. Sie sehen vor dem inneren Auge, was Sie leben möchten. Vielleicht wollen Sie nicht gleich alles so umsetzen, wie Sie es sich wünschen. Probieren Sie sich aus, immer wieder ein bisschen anders und ein wenig mehr. Unter Umständen sind Sie ein wenig schüchtern – auch sich selbst gegenüber: Dann schicken Sie zunächst Holly vor, damit sie diese Sequenzen mit Leben füllt und an Ihrer Stelle agiert. Sie selbst folgen ihr dann etwas später nach.

Ade, Sorgentanten!

Wir sind das, was wir von uns denken. Unser Verhalten und damit unsere Ausstrahlung wird von dem geprägt, was wir von uns selbst halten. Doch leider gehen wir oft nicht pfleglich mit uns um, und auf diese Weise behindern wir uns oftmals selbst. Da diese Selbstsabotage, dieses Ausbremsen meist unbewusst geschieht, fällt uns unser negativer Umgang mit uns selbst gar nicht auf. Wenn Sie einen Aspekt Ihres Lebens erneuern wollen, ist dieses Unbewusste hinderlich. Was können Sie tun?

Verfolgen Sie eine Stunde lang achtsam Ihre Gedanken. Wie gehen Sie mit sich um?

- Wie kommentieren Sie Ihr Verhalten?
- Loben Sie sich? Wenn ja, mit welchen Worten? Oder meckern Sie an sich herum?
- Was sagen Sie zu sich, wenn Sie in den Spiegel sehen?
- Würden Sie das, was Sie zu sich selbst sagen, auch zu Ihrer besten Freundin sagen? Nein? Warum nicht?

Kommentieren Sie sich nicht und versuchen Sie nicht *besser* zu denken. Im Moment geht es nur darum, Ihren Gedankenmustern auf die Spur zu kommen. Nach einer Stunde können Sie eine Art Resümee herstellen. Wie war die Grundstimmung, der Grundtenor Ihrer Gedanken? Waren Sie von sich überzeugt?

Haben Sie sich unterstützt? Oder haben Sie eher über sich minderwertig und herablassend gedacht?

Wenn Sie zu letzterem Schluss kommen, dann ist es an der Zeit, Ihre Gedanken zu schulen. Fragen Sie nach, wenn sich abwertende Gedanken in Ihrem Kopf (und damit auch in Ihrer Seele) einnisten wollen. »Ach ja? Bin ich wirklich immer zu dämlich, um Kontakte zu knüpfen? Ist es mir noch nie geglückt, einen Kontakt zu knüpfen?« So und in anderer Weise hebeln Sie negative Selbsturteile aus. Und dann lassen Sie bitte Gedanken folgen, die Sie in Zukunft unterstützen. In diesem Fall: »Nun, ich habe in der Vergangenheit schon viele nette Kontakte geknüpft. Es gibt Beispiele, die ich aufzählen kann. Eben war ich vielleicht ein wenig zurückhaltend. Das macht nichts, denn ich werde immer besser darin Kontakte herzustellen.«

Vielleicht war es ja auch richtig, dass Sie ruhig waren und sich zurückgehalten haben? Möglicherweise war diese Kontaktaufnahme – genauer betrachtet – gar nichts wert.

Manchmal müssen wir aber auch aktiv sein. Wir müssen uns dann zeigen und präsentieren, egal wie die Stimmung in uns gerade ist. Sie wünschen sich, beruflich einen Schritt nach vorn zu machen? Dazu müsste allerdings Ihre nächste Präsentation glanzvoll und ungewöhnlich sein. Sie haben auch schon Ideen dazu, wissen, an welchen Aspekten Sie arbeiten müssten, damit Ihr Auftritt spannender wirkt. Sie haben sich selbst aufgezählt, was Sie alles schon können und sich selbst beruhigt. »Du wirst immer besser. Du kannst mit den bisherigen Ergebnissen sehr zufrieden sein«, haben Sie sich aufmunternd gesagt. Doch dann, obwohl Sie das nicht wollen, meldet sich ein kleines, fieses Stimmchen im Hinterkopf, das sagt: »Ja, ja rede du nur von vergangenen Erfolgen. Das ist doch alles blödes Geschwätz. Du bist 'ne Null und bleibst 'ne Null. Hör mir mit dieser positiven

Selbstbeweihräucherung bloß auf! Das hat doch keinen Zweck! Das kannst du nicht!«

Viel zu oft melden sich diese Widersacher, diese Zweifel und Widersprüche in uns selbst. Vielleicht befürchten wir, durch unser neues Auftreten andere Menschen zu verprellen oder an Ansehen zu verlieren. Lieber dem alten Verhalten treu bleiben, denken wir uns. Das ist zwar langweilig und grau, aber es kann mir nichts passieren. Es braucht manchmal nur ein paar wohlgezielte Killerphrasen zur rechten Zeit – und schon werden wir zögerlich und ziehen uns ins Schneckenhaus zurück.

Killerphrasen sind Sätze, die uns zurückhalten sollen. Sie erlauben keinen Widerspruch und wollen keine Diskussion. Ein Gedanke wird durch sie gekappt, ein Traum beendet. Hinter Killerphrasen finden sich zumeist dicke Punkte und Ausrufestatt Fragezeichen:

- Das geht nicht!
- Da kann man nichts machen!
- Das ergibt doch keinen Sinn!
- Das wird nie etwas.
- Das brauche ich gar nicht erst versuchen.
- Dafür fehlt mir das Talent!
- Hör auf damit!
- Dafür bin ich nicht der richtige Typ!

Wenn wir uns durch demotivierende Gedanken ausbremsen wollen, dann lauert dahinter oft eine Angst. Einschränkende Fragen und hemmende Bedenken haben die Absicht, den Wunsch nach Wandel oder Weiterentwicklung in Ihnen zu ersticken. Diese inneren Bedenkenträger sind wie alte Tanten, die Ihnen alles madig machen und stets nur auf die Gefahren hinweisen: »Kind, das ist gefährlich, lass die Finger davon.«

Verdammen Sie diese alten Tanten nicht sofort. Wenn Sie in sich Widerstände spüren – und dafür stehen diese Sorgen-

HOW TO GO LIGHTLY

Hören Sie Ihren Sorgentanten zu und notieren Sie die Bedenken, die Ihnen durch den Kopf gehen, wenn Sie mit dem Gedanken spielen, Ihr Image neu zu definieren. Machen Sie eine Liste, und gehen Sie dann jedes Bedenken einzeln durch – überlegen Sie, welche Gefahr dahinterstecken mag, welche alten Ängste sich hier zu Wort melden. Sind diese Einwände berechtigt? Finden Sie Gegenargumente, warum Sie, den Schritt trotzdem wagen wollen? Vielleicht gilt es etwas noch einmal kreativ zu überdenken? Notieren Sie, was Ihnen zu den Argumenten der Sorgentanten einfällt und dann beruhigen Sie diese bedenklichen Stimmen. Sie nehmen sie ernst und Sie hören ihnen zu – aber Sie werden sich nicht mehr von diesen Stimmen einschüchtern lassen. Ob es etwas zu verbessern gibt, entscheiden Sie, auch wenn es die Sorgentanten nur fürsorglich mit Ihnen meinen.
Erklären Sie diesen inneren Beschützern, dass Sie potenzielle Risiken abwägen werden und das Sie zum Beispiel nichts überstürzen und Schritt für Schritt vorgehen werden. Doch machen Sie ihnen auch klar, dass Sie an Ihrem Plan festhalten.

tanten –, dann hat das seine Gründe, und es lohnt sich, diesen Gründen nachzugehen. Denn Ihre inneren Widerstrebungen entspringen einem Teil Ihres Selbst, der sich um Sie sorgt und Sie beschützen möchte. Manche dieser Sorgen sind berechtigt – vielleicht ist es klug, einen Plan, den wir verfolgen, noch einmal zu prüfen und ein wenig abzuändern, weil wir tatsächlich ein Risiko vollkommen außer Acht gelassen haben – mitunter sind unsere Sorgentanten aber auch übereifrig.

Viele Frauen fürchten, sie könnten durch ein selbstbewussteres Auftreten andere Menschen verletzen und verprellen, weil sie womöglich deren Grenzen übertreten. Doch diese Furcht ist so gut wie unbegründet!

Die meisten Frauen respektieren die Grenzen anderer eher zu sehr. Das bedeutet, dass sie oft schon einen Rückzieher machen, bevor die Grenzen anderer überhaupt in Sicht kommen. Viele Frauen verzichten lieber auf die eigene Weiterentwicklung, als sich den Zonenrandgebieten ihrer Mitmenschen zu nähern. Manche Frauen meinen, sogar dort Grenzen zu erspüren, wo noch ausgewiesenes Niemandsland ist.

Holly Golightly in ihrer Unbekümmertheit vertraut darauf, dass andere ihr schon sagen werden, wenn sie ihnen auf die Füße tritt – und das mit gutem Grund. Andere Menschen sind keine Opfer und Sie keine Täterin. Sie tragen Verantwortung für sich selbst. Wenn Sie also etwas machen, das andere Menschen beeinträchtigt, dann mögen diese Ihnen Signale schicken oder etwas sagen. Sie haben doch aufgehört, sich in andere Köpfe hineinzufantasieren und zu spekulieren, wann und wo sich jemand ärgern könnte. Holly möchte uns dazu ermuntern, uns spielerisch auszuprobieren und die ewige Kontrolle über die Situation aufzugeben. Und wenn einmal etwas passiert: dann bekennen Sie sich zur Ihrer kleinen charmanten Schwäche. Sie wollen niemand auf die Nerven gehen, das machen Sie dadurch freundlich klar.

Eine bunte Feder im Verhaltensgewand ist noch keine Grenzverletzung. Also belasten Sie sich nicht mit unnötigen Sorgen und Bedenken!

Wir Menschen leben miteinander in einer Art Resonanz-Verhältnis. Sie wagen etwas und andere reagieren darauf. Es kann sein, dass andere sagen »Hör auf, das gefällt mir nicht!« Genauso möglich ist aber auch, dass Sie zu hören bekommen: »Das gefällt mir. Dein Verhalten macht mir Mut!« Man muss mit allem rechnen – auch mit dem Schönen. Beenden Sie die Zeiten, in denen Sie sich miesepetrig vorhielten, dass Sie sich durch ein munteres, frisches oder neues Verhalten zum Gespött der Leute machen. Die Menschen sind froh, wenn andere sich entwickeln! Mit Ihrem neuen Verhalten können Sie dazu beitragen, dass auch andere Menschen etwas Neues wagen!

Nur eine Prinzessin findet ihren Traumprinzen

Viele Frauen sind Meisterinnen darin, die Wünsche, Anforderungen und Bedingungen anderer wahrzunehmen und darauf zu reagieren. Weitaus schwerer fällt es den meisten, selbst Bedingungen zu stellen – ans Leben, an den Partner, an den Job. Holly kann da nur lachen. Sie stellt ständig Ansprüche, rund um die Uhr – und die Männer küssen ihr dafür noch die Hand. Ansprüche an sich selbst sind ihr eher fremd. Höchstens der, einen reichen Mann zu finden, um sich und ihren Bruder zu versorgen. Was das angeht, sind viele Frauen um einiges besser.

Denn geht es darum, Ansprüche an sich selbst zu stellen, dann können diese oft gar nicht hoch genug sein: Wir wollen eine wunderbare Mutter, eine hingebungsvolle Liebhaberin, eine selbstbewusste Kollegin, eine treue Freundin, eine perfekte Gastgeberin und eine gute Hausfrau sein – und das alles gleichzeitig. Es macht uns auch gar nichts aus, dass wir so unverschämt sind und gleich viele Ansprüche, ja fast Forderungen, an uns stellen. Gehen diese Wünsche jedoch nach außen, also in eine andere Richtung, scheint es eine unsichtbare Schwelle zu geben, eine Art Schallmauer, die nur schwer zu überwinden ist. Wir wollen etwas sagen, aber wie in einem schlechten Traum bleiben uns die Worte im Hals stecken und kommen nur heiser oder leise gekrächzt heraus.

»Könntest du bitte… Hust, hust, krächz, krächz. Ööö… könntest du bitte... Äääääh« und dann geben Sie abwinkend vielleicht schon auf.

Die Gefahr, anmaßend, schamlos und überfordernd zu wirken, hängt wie ein Damoklesschwert über uns, wenn wir Ansprüche an andere stellen. Deswegen entscheiden sich viele Frauen für einen Weg dazwischen, für ein »Sowohl-als-auch«.

»Könntest du bitte, freundlicherweise, aber ach halt, lass mal, ich mach es selbst, es sei denn du würdest zufälligerweise am Mülleimer vorbeikommen, dann nimm ihn doch bitte mit, oder lasse es natürlich auch sein. Es macht mir nichts aus. Gar nichts. Ich bin bloß total sauer.«

Das Resultat dieser Zwischenposition ist, dass diese Frauen nicht mehr klar auftreten, sondern Doppelbotschaften wie diese (zugebenermaßen humorvoll gemeinte) senden. Für den Empfänger dieser Doppelbotschaften ist die Kommunikation nervend und zeitraubend. »Was will sie?«, fragt der Empfänger und rollt die Augen.

Das Ganze funktioniert auch in Kombination mit Körpersprache. Der Mund sagt: »Aber nein, sei nicht albern, wir müssen keinen Valentinstag feiern. Das ist doch nur was für die Blumenindustrie!« und mit einem Seufzer bleiben Sie vor jedem Blumenladen mit Valentinsgrüßen stehen. Frauen sagen oft »Nein!« wenn Sie »Ja« meinen. Stehen Sie zu Ihren Bedürfnissen und Wünschen! Würden wir Holly fragen, es käme ihr gar nicht in den Sinn, auf Geschenke und Blumen freiwillig zu verzichten. Lieber mehr als weniger ist ihre offen gelebte Haltung. Warum auch nicht… sie schenkt ja auch.

Erinnern Sie sich nicht auch an mindestens eine Situation, in der Ihre Kollegin einen Gedanken präsentierte oder eine Bitte äußerte, Sie jedoch zwischen all ihren Einschränkungen und Relativierungen gar nicht mehr erkennen konnten, worum es eigentlich ging? »Sag deutlich, was du willst!«, fordern wir in solchen Augenblicken und explodieren fast vor Ungeduld, wenn wir wieder nur Doppelbotschaften erhalten.

Bedingungen, die verwischt und wachsweich gestellt werden, beinhalten in der Regel bestimmte Worte und Versatzstücke, die wir alle kennen. Diese Sätze tauchen in allen Lebenslagen und Bereichen auf. Am besten Sie lesen sie laut mit hoher, halb beleidigter Stimme.

- Ich weiß ja nicht, wonach dir ist, aber ich könnte mir vorstellen – natürlich nur, wenn du nichts dagegen hättest –, dass wir möglicherweise nach dem Besuch bei meinen Eltern kurz – also ich meine wirklich nur auf einen Sprung – bei meiner Freundin vorbeischauen, denn die hat heute Geburtstag. Aber selbstverständlich nur, wenn du willst, denn mir ist das eigentlich nicht sooo wichtig, und ich kann ja auch morgen hingehen ...
- Also, ich würde schon ganz gerne mal nach Paris fahren – aber natürlich ist das nicht nötig. Entscheide du.
- Es macht mir nichts aus, allein auf die Party zu gehen. Aber wenn du mitkämst, wäre es schon irgendwie ein bisschen schöner. Aber du musst natürlich nicht.

- Ich möchte eigentlich nicht, dass du so viel trinkst, aber ich kann selbstverständlich verstehen, dass du abends mit einer Flasche Wein deinen Stress abbaust. Der ist ja auch wirklich enorm. Also, ich kann das echt nachvollziehen, aber es wäre trotzdem schön, wenn du weniger trinken würdest.

Es handelt sich hierbei um nahezu typische Frauenaussagen. Um den Unterschied deutlich zu machen, schlagen wir Ihnen vor, diese Sätze einmal so umzuformulieren, wie ein Mann sie aussprechen würde. (Lesen Sie erst danach weiter!)

Das könnte zum Beispiel so klingen:

- Du, nach dem Besuch bei meinen Eltern schauen wir noch kurz bei XYZ vorbei, die hat nämlich heute Geburtstag.
- Ich will demnächst mit dir nach Paris fahren.
- Wir gehen natürlich zusammen auf diese Party.
- Trink nicht so viel, das stört mich.

Männer sind es gewohnt, Bedingungen zu stellen und diese klar nach außen zu tragen: »Ich will.« Frauen hingegen reagieren auf Ansprüche. Sie interpretieren in die Aussagen von Männern gern hinein, dass diese nicht mehr zur Diskussion stünden – und sind dann verärgert über diese vermeintliche Arroganz und Befehlsherrlichkeit. Oder aber sie hören Dinge heraus, die nie hineingelegt wurden.

Männer sind in ihrem Kommunikationsverhalten häufig sehr direkt. Das ist vielen Frauen suspekt, allein schon die Tatsache, dass ein Mann überhaupt ganz deutlich sagt, was er will, irritiert sie ungemein. Denn Frauen sind es gewohnt, noch während des Sprechens ihr Gegenüber zu beobachten und abzuwägen: Sie forschen im Gesicht ihres Gesprächspartners nach Anzeichen von Zustimmung oder Ablehnung, um nun ihrerseits wieder darauf zu reagieren und ihre Aussage daraufhin abzustimmen. Genau das lässt eine Äußerung dann so verschwommen werden.

Und Holly Golightly? Sie stellt ihre Bedingungen selbstbewusst, mögen diese auch noch so absurd in den Ohren ihrer Umwelt klingen:

- Als sie Paul erklärt, wie sie ihr Geld verdient, berichtet sie davon, dass sie mit Männern essen geht, 50 Dollar »für die Toilettenfrau« von ihnen annimmt »... und dann lasse ich mir Geld fürs Taxi geben – das ist dann noch ein Fünfziger.«
- Dem Taxifahrer, zu dem sie ins Auto springt, ruft sie selbstbewusst zu: »Grand Central Station! Aber tüchtig drauftreten, Darling!«
- Und als Paul sich beunruhigt erkundigt, wie es ihr geht – nachdem sie schlecht geschlafen hat –, fährt sie ihn an: »Wenn wir Freunde sein wollen, dann wollen wir doch eins von vornherein klarstellen: Ich lasse mich nicht ausfragen!«

Es macht keinen Unterschied, ob wir Ansprüche an andere, an das Leben oder an uns selbst richten: Stets müssen wir sie laut, klar und deutlich formulieren, damit andere Menschen uns verstehen können. Leise und undeutlich genuschelte Aussagen hinterlassen wenig Eindruck und erwecken nicht den Anschein, als seien sie ihrer Sprecherin wirklich wichtig.

Und stets müssen wir buchstäblich hinter unseren Bedingungen stehen, um die notwendige Stärke auszustrahlen. Also: Aufrecht hinstellen, damit wir stabil sind und gut atmen können – so werden wir vernommen. Das erleichtert es uns auch, Weichspülerworte wie »eigentlich«, »vielleicht«, »ein bisschen«, »irgendwie«, »ja doch schon«, »wäre« oder »könnte« aus unserem Vokabular zu verbannen.

Unsere Ansprüche laut auszusprechen bringt weitere Vorteile mit sich:

- Wir müssen uns schon vorab Gedanken machen, welche Bedingungen wir stellen wollen – das heißt: Wir erkunden, was wir wollen und brauchen.
- Andere können unsere Wünsche und Ansprüche nur dann erfüllen, wenn sie diese auch kennen.
- Andere Menschen begegnen uns mit mehr Achtung und Respekt. Denn wenn wir sagen können, was wir wollen, dann heißt das, dass wir uns nicht alles gefallen lassen: Wir setzen klare Grenzen, und Grenzen schaffen Klarheit und Beachtung.

Und wenn wir unsere Ansprüche nun noch mit einem Lächeln verbinden können, weil wir um ihre Durchsetzung nicht kämpfen müssen, sondern ganz selbstverständlich davon ausgehen, dass sie berücksichtigt werden – was meinen Sie, welche Durchschlagskraft das entwickelt?!

Mit erhobenem Kopf, aufrecht und mit beiden Füßen auf dem Boden, dazu ein hinreißendes Lächeln – so lässt es sich viel überzeugender sagen: »In diesem Sommer möchte ich nach Italien fahren«, als umständlich zu murmeln: »Also, äh, eigentlich wäre es mir, hm, irgendwie am liebsten – aber nur wenn es dir recht wäre ...« Versuchen Sie es – die Wirkung ist verblüffend.

Natürlich gibt es auch ein Nein! Bloß weil Sie Ansprüche haben, müssen Sie von anderen nicht zwangsläufig erfüllt werden. Nicht alle Wünsche werden Realität. Aber allein, dass Sie diese äußern, ist bereits die halbe Miete. Wenn Sie Ihre Wünsche für sich behalten, vernebeln und unkenntlich machen, ist es ganz sicher: Diese Wünsche bleiben unentdeckt und damit sicher unerfüllt.

Jetzt fehlen nur noch Ihre Ansprüche an Ihr Leben. Wie wäre es mit:

- Liebe
- Freiheit

- Geborgenheit
- Gesundheit
- Freunde
- Familie
- finanzielle Sicherheit
- Erfolg im Beruf
- viele, wenige, gar keine Kinder
- Reisen
- Berühmtheit
- etwas Bleibendes hinterlassen
- Sprachen lernen
- etwas Einzigartiges entdecken

War etwas für Sie dabei? Wenn ja, dann sind Sie sich selbst bereits ein weiteres Stückchen auf der Spur. Wenn Ihnen noch Wesentliches an dieser Liste fehlt, ohne dass Sie es konkret benennen können, dann nehmen Sie das Drehbuch Ihres idealen Lebens wieder zur Hand (siehe Übung S. 29). Welche Ansprüche lassen sich darin erkennen? Was müssten Sie tun, damit diese erfüllt werden?

Auch wenn dieser kurze Abstecher ins Schlaraffenland hübsch war, die meisten Wünsche liegen in Ihrer Hand. Sie müssen sie sich erfüllen. Es ist sehr angenehm und bequem, auf das Handeln anderer Menschen zu warten. Aber richtig glücklich werden Sie nur durch sich selbst!

Begeben Sie sich auf die Suche nach Ihren Ansprüchen und Bedingungen – das macht Spaß und bringt eine Menge: zuerst Erkenntnis und in der Folge Glück und Zufriedenheit.

Erinnern Sie sich, wie Holly ihre Wünsche und Ansprüche formuliert?

- Sie spricht eine höfliche Bitte aus, die im Konjunktiv gehalten ist.
- Sie geht ganz selbstverständlich davon aus, dass ihre Bitte erfüllt wird und
- wechselt darum das Thema oder verlässt den Raum.
- Und sie bedankt sich mit einem hinreißenden Lächeln und einer Wertschätzung: »Sie waren süß.«

Holly lässt anderen gar keine Wahl, als ihr die ausgesprochene Bitte zu erfüllen. Und sie ist fest davon überzeugt, dass ihr die Erfüllung ihres Wunsches zusteht.

Wir haben es schon festgestellt: Holly geht davon aus, dass sie ein besonderer Mensch ist, der auch so zu behandeln ist. Ihr steht ein besonderes Leben zu, dessen ist sie sich ganz klar. Sie ist auf der Suche nach einem Prinzen, der ihr das Luxusleben ermöglicht, das sie sucht – und sie weiß, dass Prinzen Prinzessinnen bevorzugen. Deshalb benimmt sie sich wie eine Prinzessin – auch wenn sie ursprünglich aus ganz bescheidenen Verhältnissen stammt.

Ähnlich agieren übrigens auch die Hauptfiguren im Film *Wie angelt man sich einen Millionär?* Die mittellosen Mannequins Pola, Tschicki und Tütü – gespielt von Marilyn Monroe, Lauren Bacall und Betty Grable – mieten sich ein Luxusappartement an, um sozusagen in der gleichen Liga wie ihre Heiratsobjekte mitzuspielen. Es ist wie bei den sich selbsterfüllenden Prophezeiungen – in positiver Hinsicht: Wenn man fest daran glaubt, das etwas in Erfüllung geht und sich auch so verhält – dann lasst die Realisierung unseres Wunsches nicht allzu lang auf sich warten.

Nun müssen Sie natürlich nicht auch auf die Suche nach einem Millionär gehen. Es reicht, wenn Sie sich an die Grundaussage halten: Leben Sie so, wie Sie (später) gern leben möchten – dann erfüllen sich Ihre Wünsche. Das klingt banal, enthält aber eine Menge Wahrheit und Wirkungskraft.

Gehen Sie die Liste Ihrer Ansprüche ans Leben durch: Was können Sie heute schon umsetzen? Probieren Sie das Kleid Ihrer Wünsche an – und schon sehen Sie, ob es passt und ob Sie es nicht vielleicht sogar schon im Schrank haben. Und wenn es da noch die eine oder andere unerfüllte Bedingung gibt, dann fordern Sie sie ein – mit einem hinreißenden Lächeln!

Offenheit – aus vollem Herzen lieben

Zugegeben, es dauert eine Weile, bis Holly ihre tiefe Liebe zu Paul erkennt. Doch dabei handelt es sich ja auch nur um *eine* Art von Liebe. Eine vertrauensvolle Zweierbeziehung mag Holly zunächst Schwierigkeiten bereiten, die Nähe zu anderen Menschen und ein liebevolles Miteinander aber sind für sie Selbstverständlichkeiten.

Holly liebt es, Menschen glücklich zu machen – und dafür nutzt sie das einfachste, aber wirkungsvollste Mittel: ihr Lächeln. Sie schenkt anderen das Gefühl, jemand ganz Besonderes, ein wertvoller und geliebter Mensch zu sein. Bei aller wilder Lebensführung hat sich Holly eine Unschuld des Herzens bewahrt, die sie liebenswert macht.

Sie geht auf andere mit großer Offenheit zu. In ihrem Verhalten ist keine Häme oder Bosheit, keinerlei Gemeinheit. In ihren Mitmenschen sieht Holly stets das Beste. Selbst »ihren« Gangster, Onkel Sally, nennt sie einen »ganz süßen alten Mann«. Dadurch wirkt sie zwar sehr naiv, doch es öffnet ihr die Herzen aller Menschen.

Holly sieht auch überhaupt kein Problem darin, Paul gegenüber ihr Herz auszuschütten. Schon nach kürzester Zeit erzählt sie ihm Persönliches, gar Intimes. Dadurch scheint Holly sehr verletzlich – und der Schriftsteller nimmt Rücksicht darauf. Er nutzt ihr Vertrauen nicht aus, im Gegenteil, er fühlt sich durch Hollys Zutraulichkeit auserkoren und geehrt. Sie macht ihm allerdings auch schnell klar, dass ihre Offenheit ein Geschenk ist, das man nicht von ihr erpressen kann: »Ich lasse mich nicht ausfragen!« Auch uns hat sie mit ihrer Offenheit überzeugt: Wir haben sie in unser Herz gelassen und halten ihr seit Jahren die Treue.

Auf andere Menschen mit Unvoreingenommenheit und Wertschätzung zuzugehen, sie anzulächeln und wirkliche Teilhabe spüren zulassen, andere anzunehmen, wie sie sind – das sind die Zutaten für eine Ausstrahlung, die uns die Herzen unserer Mitmenschen gewinnen lässt. Wir kennen das doch von uns selbst: Am wohlsten fühlen wir uns bei Menschen, die uns so akzeptieren, wie wir sind, und die sich wirklich für uns interessieren. Wer offen ist, der sendet uns ein Zeichen: »Komm näher, ich möchte gern mehr von dir erfahren.«

Nur wer sich öffnet, kann auch Liebe empfangen.

Lassen Sie andere Menschen in Ihr Herz hinein, und die Herzen Ihrer Mitmenschen werden Ihnen zufliegen. Es mag zwar lässiger wirken, wenn man sich »cool« gibt, sympathischer wird man dadurch aber nicht. Wer peinlich darauf bedacht ist, möglichst neutral und unantastbar aufzutreten, der bietet wenig Reibungsfläche – auch für Nähe und Wärme.

Es gibt viele Situationen, in denen Sie Ihre Offenheit und Ihr Interesse an Menschen zeigen können:

- Lächeln Sie andere an – eine kleine Geste mit großer Wirkung, das A und O der Sympathie und des Entgegenkommens.
- Hören Sie anderen zu – und nehmen Sie sich Zeit, um zu verstehen, was der andere tatsächlich meint.
- Erkundigen Sie sich – mit wirklicher Teilnahme! –, wie es dem anderen geht.
- Machen Sie Komplimente, zeigen Sie Ihre Anerkennung. Sagen Sie zum Beispiel einer älteren Nachbarin, dass Sie sie nett finden.
- Sagen Sie Ihrem Partner, was Sie (immer noch) an ihm lieben.
- Bedanken Sie sich bei Ihrer Kollegin für eine konstruktive Rückmeldung, weil diese Sie weiterbringt.
- Nehmen Sie Menschen in den Arm, wenn Sie das Gefühl haben, diese könnten es brauchen.
- Zeigen Sie Mitgefühl, wenn liebe Menschen Kummer haben.

Wer anderen näher kommt, entdeckt die vielen Facetten der Liebe.

Lachen Sie, auch über sich selbst

Nichts ist langweiliger als bierernste Menschen. Diese moralinsauren Typen, die alles drei Mal hinterfragen und nicht einfach einmal einen Satz salopp stehen lassen können. Humorlose Menschen, die nicht über sich, die Welt und andere lachen können, sind regelrechte Spielverderber. »Soll ich jetzt auch noch eine Witzkanone werden?« könnten Sie uns fragen. Nein, das müssen sich nicht, obwohl Witzkanonen an manchen Abenden ganz schön unterhaltsam sind. Auf die Dauer werden aber auch Witzeerzähler fad. Humor hat auch nicht unbedingt etwas mit Witzen und Lachattacken zu tun. Es gibt zahlreiche andere Möglichkeiten, den *eigenen* Witz zu zeigen. Am besten und am einfachsten ist: zu lachen. Und am sympathischsten ist es, wenn man über sich selbst lachen kann.

Es gibt genügend Gründe, sich selbst einmal nicht so wichtig zu nehmen. Wir alle machen witzige Fehler, geraten in komisch-peinliche Situationen oder werden von anderen Menschen liebevoll an der Nase herumgeführt. Eine selbstbewusste Frau weiß, was dann zu tun ist: lachen! Auf diese Weise entspannen Sie unangenehme oder verdrießliche Momente im Handumdrehen. Denn auch für unsere Mitmenschen ist es befreiend, wenn sie merken, dass wir Humor haben. Viele Dinge lassen sich dann sehr viel unkomplizierter klären.

Der Volksmund verspricht uns: Lachen ist gesund – und da ist durchaus etwas dran. Denn Lachen setzt körpereigene Glückshormone (Endorphine) frei, mindert die Ausschüttung von Stresshormonen und führt so zu einem angeregten und angenehmen Körpergefühl. All das zusammen macht uns nicht nur zufriedener, sondern versorgt uns auch mit einer freundlichen und sympathischen Ausstrahlung.

Lachen entspannt die gesamte Gesichtsmuskulatur und lässt unsere Augen strahlen. Lachen kann sehr sexy sein.

Das wissen Frauen unbewusst und lachen viel. Manchmal sogar zu viel. Besonders wenn sie Single sind und einen Mann suchen.

Seht her, soll das Lachen dann bedeuten, ich bin unkompliziert, fröhlich, ich lache und bin übrigens noch zu haben. Das Lachen, dass wir dann hören, klingt nicht mehr natürlich, sondern aufgesetzt und irgendwie gestellt. Dieses Lachen meinen wir in diesem Kapitel nicht. Wir sprechen von dem Lachen aus der Seele.

Auch Hollys Lachen ist manchmal grenzwertig. Je nachdem, wie es ihr seelisch gerade geht. In der Mehrzahl der Momente lacht sie jedoch aus sich heraus. Auch, weil sie sich und das Leben crazy findet.

»Sie ist eine Verrückte!«, erklärt Hollys Agent Paul auf einer Party: »Weil sie ernsthaft den ganzen Blödsinn glaubt, den sie verzapft.« Hätte das Holly das gehört, was denken Sie, wie wäre ihre Reaktion gewesen? Hätte sie sich lautstark gewehrt und Beweise aufgezählt, wieso diese Behauptung einfach nicht stimmt? Oder hätte sie beleidigt den Kopf zurückgeworfen? Hätte sie gekränkt losgeheult, gezetert oder mit einer Schimpftirade reagiert? Nein, Holly hätte genickt und dabei zuckersüß gelächelt. »Du hast Recht, Darling«, hätte sie liebenswürdig entgegnet. »Und jetzt sei so brav und hol der Verrückten ein Glas Champagner.« Und der Agent? Genau das hätte er befolgt.

Mit Humor kommen wir weiter, wenn wir uns in einer Situation festgefahren haben. Mit einem Lachen gewinnen wir unsere Mitmenschen für uns und machen deutlich, dass wir über einer Sache stehen. Kein Wunder, dass Holly Golightly sich so gerne amüsiert. Ihr helles und freies Lachen macht sie attraktiv und anziehend.

Ein Grund mehr, Humor als zentralen Holly-Golightly-Faktor im Leben zu integrieren. Der erste Schritt ist herauszufinden, was Sie persönlich zum Lachen bringt: Comedy? Pleiten, Pech und Pannen? Sprachwitze? Skurrile Menschen? Oder ist es mehr das Lächeln, das Sie reizt? Was bringt Sie denn zum Schmunzeln? Ein Dackel, der auf zwei Beinen tanzt? Ein Kind, das jemandem die Zunge herausstreckt? Eine alte Dame mit großem Blumenhut?

Haben Sie vielleicht gerade eben sogar gelächelt, weil Sie den Hund, das Kind oder die alte Dame vor Ihrem inneren Auge sahen? Wenn ja, fein! Speichern Sie noch mehr von diesen Bildern, Sie haben sie dann immer abrufbereit, wenn Sie ein Lächeln brauchen und keines sich auf Ihre Lippen legen will.

HOW TO GO LIGHTLY

Halten Sie Ausschau nach Situationen, die Sie zum Lachen bringen. Und dann schmunzeln Sie nicht nur, sondern lachen aus ganzem Herzen!

Lachen Sie ganz besonders in solchen Momenten,

- wenn Ihnen ein kleines Missgeschick passiert,
- wenn Sie in einer überflüssigen Diskussion nicht weiterkommen,
- wenn Sie mit Ihrem Liebsten wegen einer Nichtigkeit zanken,
- wenn andere in ein Fettnäpfchen getreten sind und Sie signalisieren möchten, dass das alles nicht so schlimm ist.

Lachen Sie, wenn Ihnen danach ist: wenn Sie etwas Lustiges beobachten, wenn die Sonne scheint oder der Mond ein dummes Gesicht macht, lachen Sie, wenn Sie einen Mann anflirten wollen. Strahlen Sie und zeigen Sie damit Ihr Herz.

Nicht nur Lächeln, sondern ganz besonders ein Lachen, das von Herzen kommt, wirkt ansteckend und Kontakt fördernd.

Wenn Sie wissen, über was Sie sich selbst gerne amüsieren, dann wird es Ihnen viel leichter fallen, in einer lustigen Runde ein paar Späße beizutragen. Sie kauen dann nicht gestresst an den Fingernägeln, weil Ihnen schon wieder nichts Spaßiges einfallen will, sondern Sie haben immer ein paar Witze oder Anekdoten parat. Christine wurde auf diese Weise sehr schnell mit einer fremden Gruppe vertraut, als sie erzählte, dass sie sich völlig ferngesteuert und gedankenverloren bei einem Geldautomat bedankt hatte, als dieser die georderten Scheine herausspuckte. Die Schlange hinter ihr musste ziemlich grinsen und eine der Wartenden fasste die Situation in knappen Worten fix zusammen: »Viel Arbeit?«

Das sind kleine amüsante Momente. Man lacht über sich selbst und andere fühlen sich ermutigt, auch einen Schwank aus dem Leben beizusteuern. Lachen öffnet ganz leicht die Tür zu fremden Menschen. Typisch auch das Beispiel einer Bekannten, die schon lange Single ist. Beim Weinglas anstoßen schaute sie der Frau gegenüber nicht in die Augen. »Hallo Margitta!«, korrigierte diese. »Du muss mir in die Augen sehen, sonst gibt es 7 Jahre schlechten Sex!« »Ach weißt du«, meinte darauf Margitta lässig, »Ich wäre schon mit schlechtem Sex zufrieden!«

Margitta lacht über sich und ihre Situation. Sie hätte auch klagen können. Doch welche Reaktion macht sie wohl sympathisch? Das bedeutet nun nicht, dass Sie sich niemals beklagen sollen, aber manchmal bringt ein wenig Selbstironie weitaus mehr. Deswegen lacht auch Holly und deswegen sollten auch Sie so oft wie möglich lachen.

Frechheit – augenzwinkernd auf der Gewinnerseite

Auch ohne Schlüssel gelangt Holly immer wieder ins Haus hinein, weil sie stets ihren Nachbarn – auch zu nachtschlafender Zeit – herausklingelt. Zu ihren Festen erscheinen zahlreiche Gäste, obwohl diese ihre Getränke selbst mitbringen müssen. Das ist frech, das ist fast schon ein wenig dreist, doch niemand nimmt es Holly Golightly übel.

Frechheit ist nicht gleich Frechheit. Es gibt Menschen, denen man kleine Dreistigkeiten gerne vergibt, weil sie sie so charmant präsentieren. Julia hat zum Beispiel eine Freundin, die beim gemeinsamen Essen fast immer ihr Portemonnaie »vergisst«. Doch da sie nur wenig Geld hat und Julia den ganzen Abend mit wunderbaren Geschichten unterhält, übernimmt diese gern die Rechnung, ohne sich übervorteilt oder ausgenutzt zu fühlen.

Und Carolas Freundin Gabi steuert auf allen Flughäfen dieser Welt stets zielsicher die VIP-Lounge an, auch wenn sie über gar kein 1.-Klasse-Ticket verfügt. Doch ihr Einmarsch in die Lounge ist so selbstsicher und wirkt so selbstverständlich, dass niemand auf die Idee käme, ihr Ticket zu kontrollieren.

Sophia kommt immer zu dem besten Obst, weil sie am Stand die Äpfel, die sie sich wünscht, berührt. »Oh Verzeihung, angefasst« und schon hat sie die Früchte, die sie will.

How to go Lightly

Treten Sie in Hollys Fußstapfen und wagen Sie sich über die Begrenzungen des braven Lebenspfades hinaus. Gelegenheiten gibt es genug. Und so lange Sie niemanden verletzen und andere mit Charme entschädigen, ist alles erlaubt.

- Sie möchten gern einmal in aller Ruhe unbegrenzte Mengen an Kleidungs- und Wäschestücken anprobieren? Dann lassen Sie sich alles vom Versandhandel zuschicken. Das ist heute auch mit Designerkleidung möglich. Bestellen Sie einfach nach Lust und Laune – und hinterher senden Sie alles wieder zurück. Es besteht nämlich kein Kaufzwang (aber achten Sie darauf, in welchem Zeitraum Sie die Kleidung problemlos zurückschicken dürfen).
- Sie reisen in einem völlig überfüllten Zug? Bestehen Sie beim Schaffner vehement auf einen Sitzplatz, notfalls eben in der ersten Klasse. Er wird schließlich froh sein, wenn Sie Ruhe geben – und Sie dürfen sich auf eine bequeme und entspannte Reise freuen.
- Überfülltes Wartezimmer beim Arzt? Sagen Sie der Sprechstundenhilfe: »Mir ist schlecht!« Wetten, dass sich Ihre Wartezeit verkürzt?

Warum verzeihen wir solche Frechheiten, warum nehmen wir Holly Golightly ihre kleine Unverschämtheit nicht krumm? Weil wir etwas erhalten: Wir werden unterhalten, mit Charme entschädigt, fühlen uns erkoren und beschenkt. Es sind Geschichten, die uns zum Lachen bringen und die wir gerne anderen Menschen erzählen. »Probier doch auch mal, ein wenig frecher zu sein«, lautet die Botschaft, die darin steckt. Denn wenn man anderen Menschen nicht wirklich auf die Füße tritt, fühlen sich diese gar nicht so getroffen. Die Keckheit wirkt eher reizvoll. Dazu ein Lächeln, ein kleines Kompliment – und schon hat niemand das Gefühl, ausgenommen zu werden.

Kleine Frechheiten lockern den Alltag auf. Aber wir wollen Sie nicht länger aufhalten, sicherlich sind Ihnen beim Lesen unserer kleinen Anregungen bereits ein paar grandiose und kecke Ideen eingefallen.

Etwas wagen – und dann auch noch gewinnen, das ist ein ganz besonderer Kick. Es ist wie Limonade: Es prickelt, es kitzelt, und es löscht Abenteuerdurst.

»Es ist ganz nützlich, wenn man überall für verrückt gehalten wird«

oder: Vom Vergnügen, anders zu sein

Frauen wie Holly Golightly ziehen andere Menschen geradezu magisch an. Viele sind darunter, denen es nicht allein um eine Freundschaft geht. Manche erhoffen sich, dass durch die Bekanntschaft mit einer extravaganten und aufregenden Person etwas von dieser Ausgefallenheit und vom Aufsehenerregenden auch auf sie abfärbt. Auf diese Weise – so wünschen sie sich – könnten sie selbst ein wenig extravagant und ein bisschen aufregend werden – ohne etwas dafür tun zu müssen.

Doch das ist ein Trugschluss. Graue Mäuse bleiben graue Mäuse, wenn sie keine andere Farbe wählen – und neben einem bunten Falter wie Holly Golightly sticht das Mausgrau noch deutlicher hervor.

Wie gut, dass Sie sich für einen anderen Weg entschieden haben. Sie wollen ein wenig mehr glänzen, etwas mehr Wirkung entfalten – und zwar nicht, indem Sie jemanden kopieren, sondern indem Sie mehr Sie selbst werden.

Wer seine Ausstrahlung steigern möchte, will gesehen werden. Wir können nicht hoffen, anders, besonders oder ganz einfach mehr zu wirken und dabei gleichzeitig im Schatten stehen bleiben. Wenn Sie Ihrem Leben mehr Glanz verleihen wollen, dann müssen Sie Ihre Facetten aufpolieren und sie ins Licht halten, geradeso, damit diese noch ein bisschen mehr funkeln als bisher!

Wer auffallen will, muss auffallen. Wer anders sein möchte, muss anders werden.

Sich auf die Bühne des Lebens zu begeben, Applaus und Zurufe zu ernten – dazu gehört eine Entscheidung und ein wenig Wagemut. Schließlich kann sich unter das Geklatsche auch einmal ein Buhruf mischen. Nur wenn Sie sich Ihrer ganz sicher sind, ficht Sie das nicht an. Sie wissen dann: Jede Reaktion von außen ist eine Werbung, auch wenn es sich zuweilen um einen Verriss handelt.

Erinnern Sie sich an die folgende Szene in *Frühstück bei Tiffany*: Hollys ehemaliger Agent O. J. Berman neigt sich auf einer Party verschwörerisch Paul entgegen: »…kommen wir zur Sache. Ist sie eine oder nicht?«

Paul: »Eine was?«

Berman: »Eine Verrückte.«

Paul: »Ich glaube nicht«

Bermann: »Sie glauben nicht. Sie irren sich. Aber andererseits haben Sie auch wieder recht. Und wieso? Weil sie ernsthaft an den ganzen Blödsinn glaubt, den sie verzapft.«

Holly genießt es, anders zu sein. Und diese Selbstverständlichkeit, dieses gesunde Selbstbewusstsein – das macht sie so liebenswert. Wählen Sie den gleichen Weg. Entfalten Sie Ihre Eigenheiten, und zeigen Sie sie mit Stolz. Dieses Kapitel unterstützt Sie dabei.

Stil – nach eigenen Regeln leben

Unter Stil versteht man all das, was unsere Wirkung nach außen hin unterstreicht und dokumentiert. In diesem Sinne ist

Stil weit mehr als Mode: Es ist der Ausdruck einer *Lebensart.* Es ist eine Vereinbarung mit sich selbst, wie man sich in der Welt präsentieren möchte und welche Werte für das eigene Leben eine zentrale Rolle spielen.

Das bedeutet: Nicht nur das Gediegen-Bürgerliche oder Klassisch-Elegante ist Stil, sondern ebenso Punk oder Flower-Power. Menschen wählen bestimmte Kleidungsstücke und frisieren sich nach einer entsprechenden Mode, um ihrem inneren Erleben einen passenden äußeren Ausdruck zu geben.

Stil zeigt sich im Auftreten, in der äußeren Erscheinung und in der inneren Haltung. Stil macht aus Ihrer Person ein Gesamtkunstwerk.

Holly Golightly verkörpert das elegante, kostbare Partygirl, Glamour ist ihr Leben. Nichts an ihr wirkt billig, alles hat Klasse – von den Hüten über ihre Kleidung, ihr Make-up bis hin zu ihrem Schmuck. Alles ist wundervoll und konsequent aufeinander abgestimmt und spiegelt auf schönste Weise das Wesen Hollys. Dabei hat sie nicht einmal viel Geld. Sicher hat Holly die Gabe, verschiedene Kleidungsstücke so miteinander zu kombinieren, dass immer wieder neues Aussehen damit möglich ist. Mode und Stil brauchen weniger Geld, als viel mehr Kreativität und Fantasie. Die Kleidung passt sich Ihrem Typ an und Ihr Typ ist all das, was Sie verkörpern wollen, denken, fühlen und sich nach außen sichtbar wünschen.

Um einen eigenen Stil zu entwickeln, ist es wichtig, dass Sie wissen, wer Sie sind und wie Sie sein möchten. Welches sind Ihre eigenen Werte? Ist Ihnen Liebe wichtiger oder Freiheit? Was steht für Sie an erster Stelle? Team oder Karriere? Möchten Sie mütterlich wirken, fraulich oder schwesterlich? Mithilfe dieses Buches haben Sie nun schon einiges über sich erfahren. Sie haben sich Ihre Träume bewusst gemacht, Ihre Sehnsüchte erkannt und Ihre »Etiketten« hinterfragt. Sie wissen bereits sehr viel über sich. Alles zusammen, könnte die Richtung Ihres Stils ergeben. »Könnte«, weil Stil immer eine Entscheidung ist.

HOW TO GO LIGHTLY

Für was haben Sie sich entschieden? Wie sieht Ihr ganz persönlicher Stil aus? Welche Botschaft tragen Sie nach außen, oder möchten Sie nach außen tragen? Geben Sie Ihrem Charakter ein passendes Outfit, malen oder schreiben Sie Ihre Vorstellungen auf.

Überlegen Sie im nächsten Schritt, welche Art von Kleidung am besten das verkörpert, was Sie sind. Eher klassisch-elegante Schnitte und Farben, wie sie Holly bevorzugt, mehr romantisch-verspielt oder vielleicht eher sportlich? Sind Sie mehr Vamp oder Vollweib? Die intellektuelle Sexbombe oder die gutherzige Mutterfigur? Oder liegen Sie quer zu den herkömmlichen Kategorien?

Wir möchten Sie anregen, Ihren eigenen Stil zu entwickeln, einen Stil, der wirklich Ausdruck Ihrer Persönlichkeit ist. Denn je mehr Sie zu Ihren speziellen Eigenheiten stehen und diese liebevoll pflegen, desto authentischer und letztendlich stilvoller werden Sie wirken.

Doch wie zuvor kann Ihnen auch in diesem Punkt Holly Golightly zunächst als Anregung und Vorbild dienen. Holly versteht sich als kostbare Prinzessin, die einen reichen Mann heiraten möchte. Ihre Kleidung und ihre Accessoires unterstreichen dieses Ziel: Holly wählt gedeckte Farben (Beige und Braun; als Kontrapunkte Schwarz und Weiß), vermeidet jedes Muster und bevorzugt klassische, gerade Schnitte, die ihre zarte Figur betonen. Ihre Garderobe ist ausgewählt und teuer, umfasst aber nur eine begrenzte Auswahl an Kleidungsstücken. Wenn Sie genau darauf achten, werden Sie feststellen, dass Hollys Kleiderfundus tatsächlich nicht groß ist – aber die Sachen sind gut aufeinander abgestimmt, sodass sie kombinieren kann. Da ist das kleine Schwarze mit den passenden Pumps oder Ballerinas, der Trenchcoat, der Kaschmirpullover, eine schmale dunkle Hose. Heutzutage würde sie wohl ihre Auswahl um einen schmalen knielangen Rock, Stiefel, einen Tweedblazer, eine weiße Bluse und einen dunklen Hosenanzug ergänzen.

Wichtig ist für einen Stil wie Hollys – und das gilt von den Schuhen bis zum Schal – die gute Qualität des Materials. Im Zweifelsfall lohnt sich immer der Griff zum Markenprodukt.

Selbstverständlich unterliegen auch die Accessoires dem Stilbewusstsein. Unter einem Accessoire versteht man all das, was die Kleidung aufwertet, schmückt, ergänzt oder unterstreicht. Es sind diese Kleinigkeiten, diese Hingucker, die unsere Weiblichkeit dezent hervorheben, die uns keck oder sinnlich wirken lassen, die uns einen Hauch Abenteurerin, Lady oder Vamp verleihen. Typische Accessoires von Holly sind die Perlenkette, das Tuch und die auffällige Sonnenbrille. Dies wird ergänzt durch die äußerst lange Zigarettenspitze, die großen Hüte und die schwarzen langen Handschuhe.

Wenn Sie Hollys Stil bewundern und ihn sich auch für sich

selbst vorstellen können, dann probieren Sie es aus. Kombinieren Sie vielleicht dieses klassisch-elegante Auftreten mit aktuellen Trends oder mit Ihren Lieblingsstücken, um Ihre persönliche Note zu finden.

Gönnen Sie sich doch einmal einen »Stiltag«. Bummeln Sie durch die Geschäft und probieren Sie die Kleidungsstücke an, die Sie schon immer einmal tragen wollten. Vereinbaren Sie mit sich selbst: Heute kaufen Sie nichts – es wird nur geschaut.

Wenn Sie dies lieber ungestört tun wollen, greifen Sie eine Anregung aus dem vorangegangenen Kapitel auf: Bestellen Sie via Versandhandel und schicken Sie schließlich alles wieder zurück.

Lassen Sie sich von einer Kosmetikerin oder in einer Parfümerie schminken und probieren Sie neugierig alle Anregungen aus. Sie sollten aber unbedingt bei Freunden und Freundinnen testen, ob Ihr alter Stil oder der neue Stil zu Ihnen passt.

Möglicherweise entdecken Sie sich nach einem solchen Stiltag ganz neu. Oder Sie stellen fest, dass Sie bereits eine ganze Menge Stil hatten, sich dessen nur nicht bewusst waren. Vielleicht müssen Sie auch erst eine Weile ausprobieren und testen, bis Sie *den* passenden Stil für sich finden. Doch wie auch immer Ihr Weg zum eigenen Stil aussieht – Sie werden viel über sich selbst erfahren, und das macht richtig Spaß!

Eine Prise Exotik – querdenken, wenn andere nur geradeaus können

Eine kleine Umfrage im Freundinnenkreis bestätigte unseren Verdacht: Viele Frauen hätten gern einen Schuss Exotik in ihrem Leben. Exotik und Stil können Geschwister sein, müssen aber nicht. Sie können einen sehr dezenten Stil wählen und dennoch sehr aufregend wirken. Oder es geht Ihnen um Show, Glitter und Glamour. Dann ist vielleicht Exotik für Sie angesagt. Exotik kann auch leise sein. In der Regel möchten aber Menschen, die Exotik als Stilmittel leben, im Mittelpunkt stehen und sofort gesehen werden. Bei Frauen spricht man auch von Diven. Das muss nicht aufdringlich sein, anziehend ist es aber allemal. Uns fielen dabei Namen wie Greta Garbo, Marlene Dietrich, Madonna, durchaus auch Angela Jolie und natürlich Holly Golightly ein. »Exotisch sein« – dahinter versteckt sich eine Vorstellung von »anders« sein, aus dem Rahmen fallen, ein wenig fremdartig, überraschend wirken.

Eine Prise Andersartigkeit macht einen Menschen interessant. Etwas an ihm oder ihr lässt das Konventionelle hinter sich, und wir vermuten, dass diese Menschen anders denken, fühlen und leben als wir. Das macht uns neugierig auf sie, wir möchten gern mehr über diese ungewöhnlichen Menschen erfahren, die so wunderbar zu ihrer Fremdartigkeit stehen.

Exotik ist aber nur überzeugend, wenn sie Ausdruck von Stil und Einzigartigkeit ist. Eine junge asiatische Begleitung macht einen älteren Herren noch lange nicht exotisch – eine ältere Malerin mit einem jungen schmucken Musiker an ihrer Seite hinterlässt hingegen einen ganz anderen Eindruck. Ein Pinscher in der Handtasche wirkt billig und keinesfalls exotisch – der struppige ungarische Wolfshund, der als Begleitung zur noblen Vernissage mitgenommen wird, möglicherweise schon.

Wo liegt die Grenze zwischen aufgesetzter Albernheit und Exotik? Sie wird wie so oft durch die Authentizität bestimmt. Wenn Ihre leichte Überspanntheit eine konsequente Fortführung Ihres Stils ist – dann erwecken Sie den Eindruck von Exotik.

HOW TO GO LIGHTLY

Wie werden Sie exotisch? Da Sie bereits Ihren eigenen Stil entwickelt haben, wissen Sie genau, wer Sie sind und wie Sie wirken. Greifen Sie aus dem Gesamtkunstwerk Ihre Auftretens ein oder zwei Facetten heraus, die Sie künftig etwas forcierter kommunizieren möchten. Suchen Sie dazu passende Accessoires oder Ambientes und leben Sie im Prinzip genauso authentisch weiter, wie Sie es bislang taten – mit dem kleinen, aber feinen Unterschied, dass Ihre Umwelt Sie fortan als ein wenig anders, eben als exotisch wahrnimmt.

Ihnen fällt im Augenblick nichts ein oder Sie finden Ihr Leben zu aussagelos für so einen Schritt? Hier ein Beispiel zur Verdeutlichung: Lieben Sie Topfpflanzen? Dann haben Sie schon einen wunderbaren Aufhänger für Ihre exotische Seite. Topfpflanzen sind auf den ersten Blick nichts Besonderes, viele tausend Menschen haben sie in ihren Wohnungen. Aber mit einem kleinen Dreh fällt diese Liebe aus dem Rahmen des Gewöhnlichen heraus und nimmt den Charakter einer Leidenschaft an: Spezialisieren Sie sich in Zukunft auf fleischfressende Pflanzen. Sie wissen schon: diese kleinen Gewächse, die Lebendfutter verspeisen und gern zum Thema mittelprächtiger Horrorfilme werden. Wenn Sie über eine stattliche Auswahl an diesen eigentümlichen Gebilden verfügen, dann ist schon ein gewisses Maß an Exotik erreicht.

Doch das lässt sich noch steigern: Sorgen Sie dafür, dass

zur Fütterungszeit ein paar Freunde oder Bekannte anwesend sind. Legen Sie eine CD mit Musik von Wagner oder Dvořák auf – also ungewöhnlich schwere Kost – und erklären Sie Ihren Gästen, dass die Schallwellen dieser Musik die Verdauungssäfte der Pflanze besonders anregen. Reden Sie beim Füttern mit den Gewächsen, das verstärkt den Effekt.

Sie können sicher sein, dass Ihr Hobby auf der nächsten Party zum Gesprächsthema Nummer eins avanciert! Vor allem dann, wenn Sie in unregelmäßigen Abständen eine kleine elegante Dose aus Ihrer Handtasche hervorholen, um darin »Futter« für Ihre lieben Kleinen zu sammeln (das behaupten Sie zumindest).

Oder vielleicht überlegen Sie seit längerer Zeit, wieder etwas mehr Sport zu treiben. Dann machen Sie das doch – aber nicht wie alle Welt im Fitnessstudio. Das hat nun wirklich keinen Glamour. Wählen Sie sich einen ganz besonderen persönlichen Trainer: einen Kampfsportmeister. Und zwar nicht einen für Judo oder Karate, sondern entscheiden Sie sich für etwas Ausgefalleneres: Aikido, Viet Vo Dao oder Viet Tai Chi. Das klingt nicht nur anders, das ist auch anders. Und Sie glauben gar nicht, was für ein Raunen durch den Saal geht, wenn sich herumspricht, dass sich die elegante Lady auf den High Heels in ihrer Freizeit in Kampfsport übt.

Sie müssen kein anderer Mensch werden, um sich eine exotische Aura zuzulegen – ganz im Gegenteil: Sie wählen etwas bereits in Ihrem Leben Vorhandenes und verstärken es so, dass es die Grenzen des Konventionellen durchbricht.

Holly besucht einen Gangster im Zuchthaus Sing-Sing. Es ist ihre Freude am Umgang mit Menschen, die sie dazu anregt – und auch ein bisschen das Taschengeld. Aber Holly mag »ihren« Mafiaboss tatsächlich: Sie hält ihn für »einen ganz reizenden Mann«, dem sie gern ein wenig Sonnenschein ins Gefängnis trägt. Der Gangster ist Hollys exotische Topfpflanze, und Paul springt sofort darauf an.

Auch in Ihrem Leben gibt es ganz sicher eine Art exotischer Topfpflanze. Möglicherweise haben Sie sie bislang einfach übersehen oder ihr Potenzial nicht erkannt. Vielleicht sehen das Ihre Freundinnen ganz anders und wissen schon, was an Ihnen »anders« oder eben »exotisch« ist. Nur Mut – fragen Sie nach! Und ansonsten machen Sie sich einfach mit viel Fantasie und Vergnügen auf die Suche nach Ihrer neuen Exotik.

Merk-Würdigkeit – das Erfolgsrezept bemerkenswerter Frauen

Pippi Langstrumpf war es, Mata Hari und Greta Garbo auch – und Holly Golightly sowieso: merk-würdig. »Sie ist verrückt«, stellt Hollys ehemaliger Agent fest. »Aber sie ist nett verrückt.« Er meint damit, dass Holly wie ein wunderhübscher Schmetterling von Blüte zu Blüte flattert und nur ihren inneren Impulsen folgt.

Für andere hingegen kann sie ganz schön anstrengend sein – ihr Nachbar, der chinesische Fotograf, weiß bestimmt ein Lied davon zu singen. Doch das stört Holly wenig – tritt sie anderen auf die Füße, dann entschuldigt sie sich süß mit einem Lächeln, das alle Übellaunigkeit dahinschmelzen lässt. Holly versucht nicht, »Everybody's Darling« zu sein. Sie lebt ihr Leben und verfolgt ihre Ziele – mit Charme und Warmherzigkeit.

Holly ist hinreißend in ihrer Impulsivität – aber möchten

Sie auch so ein Leben führen? Das können sich wohl nur die wenigsten von uns vorstellen.

Allerdings sollten wir uns über eine Sache im Klaren sein: Auch wir möchten unserem Leben etwas mehr Glanz verleihen, wir möchten uns unserer Individualität bewusst werden und diese auch ausleben, denn schließlich wollen wir unverwechselbar sein – eben Individuen. Und wenn wir uns für unsere Einzigartigkeit entschieden haben, dann müssen wir sie auch zeigen.

Und das bedeutet: Wir wollen wir merk-würdig werden – also: würdig, dass andere sich merken, wer und wie wir sind und was wir tun.

Wenn Sie wollen, dass man Sie nicht vergisst, dann müssen Sie etwas Originelles tun.

Eines ist jedenfalls klar: Irgendwelche Marotten hat jede von uns. Unsere Freundin Bettina geht nie, und zwar wirklich nie, ohne roten Lippenstift aus dem Haus – nicht einmal, wenn Sie den Briefkasten leert oder den Müll hinunterbringt. Carola mag überhaupt keinen Nippes, weswegen bei ihr in der Wohnung fast überall leere Flächen sind, während Christine das eine oder andere Andenken sammelt und auch gern immer wieder anschaut. Carolas Mann ist dafür im Freundeskreis bekannt, dass er überall in Restaurants immer das gleiche Dessert wählt und dadurch mittlerweile europaweit flächendeckende (wenn auch an sich überflüssige) Vergleichsstudien aufstellen kann. Und ein befreundetes Ehepaar drängt seine Besucher nicht nur dazu, die Schuhe auszuziehen (was an sich ja noch ganz »normal« ist), sondern dass man anschließend in riesige, unmögliche Filzpantoffeln schlüpfen muss – was das tollste Outfit ad absurdum führt.

All diesen kleinen Macken ist eines gemein: Sie sind merkwürdig, man merkt sie sich einfach! Oft fällt im Freundeskreis nur eine Anmerkung, und alle wissen, worum es geht – schmunzelnd, manchmal mit ein wenig gen Himmel geneigten Augen, aber immer mit einer gehörigen Portion Sympathie. Und genau das ist doch die beste Voraussetzung, um Menschen positiv aufzufallen und vor allem nicht mehr in Vergessenheit zu geraten.

Überlegen Sie: Was schlummert in Ihnen, das Sie von anderen unterscheidet?

Sie lieben insgeheim die schillernde Halbwelt? Dann feiern Sie Ihren nächsten Geburtstag genau dort!

Eigentlich stehen Sie auf Großmutters Hüte? Wenn sie zu Ihnen und Ihrem Stil passen, dann tragen Sie sie!

Sie lieben es, in der Öffentlichkeit zu singen? Dann werden Sie Stammgast in einer Karaoke-Bar, die gibt es mittlerweile in jeder Stadt. Bunte Haare stehen Ihnen gut, und Sie mögen die schillernde Vielfalt? Ran an den Farbtopf!

Wann immer Sie mit Ihrer ganzen Person hinter einer Ihrer Schrullen, Marotten oder Eigenarten stehen, wird man diese akzeptieren. Keine Angst vor Mäklern, Miesepetern oder neidischen Bekannten! Auf einen Nörgler kommen zehn Bewunderer! Gehen Sie Ihren Weg, denn zweierlei ist Ihnen gewiss: die Aufmerksamkeit Ihrer Mitmenschen – und die Sicherheit, dass man Sie nicht so schnell vergisst. Sie sind nämlich merkwürdig.

Mit der Zeit wird es für Sie gar nicht mehr so aufregend sein, aus einer Gruppe hervorzustechen. Dieses kleine Bühnenlicht im Alltag kann direkt ein bisschen süchtig machen. Neue Kontakte sind möglich und nie weiß man, was sich daraus ergibt.

Klettern Sie also unverzagt aus Ihren braven, beigen Verhaltensklamotten raus. Das Leben mit inneren Pailletten und Perlen ist grandios.

Arroganz – manchmal geht es nicht ohne

Als Arroganz bezeichnet man ein hochmütiges Benehmen: Eine Person stellt ihre eigenen Leistungen, deren Wichtigkeit und die eigene Bedeutung über die von anderen. Auf der Sympathieskala rangieren arrogante Menschen ziemlich weit unten – man hält sie für aufgebläht und versnobt.

Arroganzlinge fallen aber auch auf und haben Einfluss auf andere. Und weil sie sich gut wehren können, wägt man es sorgfältig ab, sie anzugreifen. Ihnen wird Respekt gezollt. Diese Seite klingt nun wieder gar nicht schlecht, nicht wahr?

Wie bei so vielen Dingen kommt es auch bei Überheblichkeit auf die Dosierung an. Es gibt eine Art von gesunder Arroganz, die auf Selbstgewissheit beruht.

Sie müssen sich nicht alles gefallen lassen. Wenn Sie feststellen, dass andere Sie ducken oder drücken wollen, wenn jemand Ihnen dumm kommt, dann wehren Sie sich – gern auch mit einem Schuss Arroganz!

Holly Golightly kann sich ebenfalls ganz wunderbar arrogant geben. Mitunter setzt sie dieses Verhalten gezielt ein. Durch ihr kühles »Schätzelchen« oder »Darling« distanziert sie sich von den Menschen, die ihr zu nahe treten. So erhöht sie ihre Position und verschafft sich etwas mehr Macht über die Situation.

Wenn jemand Sie bedrängt oder schlecht behandelt, dann

dürfen Sie ihn nicht nur zurückweisen – Sie müssen es sogar tun. Zeigen Sie deutlich Ihre Grenzen, verweisen Sie andere in ihre Schranken. Wenn Sie sich wehren, zollt man Ihnen Respekt.

Seine eigenen Grenzen zu kennen und aufzuzeigen ist eines der wichtigsten Dinge, die wir beherrschen sollten. Es schützt Sie niemand, wenn Sie das nicht tun. Grenzen sind flexibel und erweitern sich. Es macht also nichts, wenn Sie merken, dass Sie heute etwas stört, was Sie letzte Woche nicht gestört hat. Dann hat sich eben etwas bewegt. Diese Grenzveränderung hat nichts mit Wankelmut zu tun. Wenn Sie möchten, dann können Sie sich aber fragen, warum manche Grenzen sehr strikt und manche durchlässig sind. Vielleicht stoßen Sie dadurch auf alte Wunden, die Sie gelegentlich vergessen, verzeihen oder heilen möchten.

Reagieren Sie ruhig arrogant, wenn

- ... ein Mann Ihnen stillos unechten, billigen Schmuck schenkt, der so gar nicht zu Ihnen passt – anders lernt er es vermutlich nie!
- ... jemand Sie wegen Ihrer exotischen Vorlieben ablehnt – das ist garantiert ein missgünstiger Langweiler, auf dessen Meinung Sie nicht viel geben sollten!
- ... sich andere an Ihrem Selbstbewusstsein stören – diese Machtspiele haben Sie nicht nötig!
- ... Ihre Offenheit ausgenutzt wird – solche Menschen können nicht lieben. Und wer keine Rücksicht nimmt, verdient auch keine!
- ... Ihre subtile Erotik mit purem Sex verwechselt wird – Sie wollen doch keine Perlen vor die Säue werfen!
- ... Ihre Furchtlosigkeit als Wankelmut missverstanden wird – hier möchte Sie jemand in eine viel zu kleine Schublade quetschen!

- ... andere Ihre Individualität kritisieren – Sie sind einzigartig, wer Ihnen das abspricht, will Sie tief verletzen! Das müssen Sie sich nicht bieten lassen!
- ... man Ihnen Gesellschaft aufzwingen will, die Sie nicht interessiert – dazu ist Ihre Zeit viel zu schade!

Um jemanden die Grenzen aufzuzeigen oder um ihn zurückzuweisen, bedarf es nicht vieler Worte, oft genügt eine Handbewegung, ein messerscharfes Lächeln, das Heben einer Augenbraue oder ein Kosewort mit der richtigen Betonung, nicht wahr, »Darling«?

Es muss nicht zum Drama ausarten, wenn wir unsere Grenzen zeigen. Manchmal kann es auch sehr fröhlich und neckend sein. »Bis hierher und nicht weiter, sonst werde ich zickig!« Spaßen Sie bei den Grenzen, die Ihnen nicht so wichtig sind und bleiben Sie ernst bei jenen, die Ihnen am Herzen liegen.

Luxus – keine Frage des Geldes

Woran denken Sie, wenn Sie das Wörtchen Luxus hören? An Geld? Im Zuge unserer Recherchen stellten wir unseren Freundinnen die Frage: »Was ist für dich der größte Luxus?« Das erstaunliche Ergebnis: Lediglich in einem einzigen Fall erhielten wir die Antwort: »Ohne Limit shoppen gehen zu können, eine teure Kreuzfahrt zu machen und sich nie mehr Gedanken über Geld machen zu müssen.«

Alle anderen Frauen nannten nach kurzem Überlegen folgende Dinge:

- mehr Zeit – für mich und für meine Freunde
- Glück spüren

- ein Buch lesen
- einen Waldspaziergang im Herbst machen
- lieben
- mit meinem Kind einen entspannten Nachmittag verbringen

Der Begriff Luxus kommt aus dem Lateinischen und meint im Ursprung »üppige Fruchtbarkeit«. Heute verstehen wir darunter vor allem die Dinge und Phänomene, die wir uns zwar wünschen, aber nur selten leisten können; deshalb sind sie für uns so wertvoll. Mit Geld ist das, was uns wirklich glücklich macht, nicht zu kaufen – wir bekommen es geschenkt.

Holly muss einen langen Weg zurücklegen, bevor sie erkennt, was für sie tatsächlich Glück bedeutet. Erst ganz am Ende des Films, in der innigen Umarmung mit Paul und dem Kater im verregneten New York, begreift sie, was sie die ganze Zeit gesucht hat.

Sie haben gegenüber Holly einen großen Vorteil: Sie können heute schon erfahren, was Sie wirklich glücklich macht. Wissen Sie bereits, was Sie unter Luxus verstehen?

Mithilfe der Übung auf der nächsten Seite können Sie Ihre persönlichen Luxusinseln entdecken. Planen Sie diese fest in Ihren Alltag ein. Wenn Sie zu den Frauen mit gut gefüllten Terminkalendern gehören: Blocken Sie Zeiten, die nur für Sie und Ihre Wünsche da sind – und halten Sie sich auch daran!

Steigern Sie Ihren Luxusturnus Schritt für Schritt. Je häufiger Sie sich etwas Gutes tun, umso positiver, selbstsicherer, zufriedener und gelassener ist Ihre Ausstrahlung – und das wiederum wirkt positiv auf Privatleben wie Berufsalltag zurück.

Und sollten Sie Wünsche haben, die doch etwas Kleingeld erfordern, dann ist ein großes Geburtstagsfest die beste Gelegenheit, der Erfüllung dieses Traums einen Schritt näher zu kommen: Bitten Sie Ihre Freunde, für Ihr besonderes Luxusgeschenk

HOW TO GO LIGHTLY

Legen Sie sich entspannt hin und schließen Sie die Augen. Hören Sie in Ihren Körper hinein: Liegen Sie bequem, drückt etwas? Korrigieren Sie Ihre Körperhaltung, bis alles optimal ist. Schieben Sie Geräusche, die von außen an Sie herandringen, einfach beiseite. Ja, es gibt sie, doch das muss Sie nicht kümmern. Das ist außerhalb Ihres Körpers.

Nehmen Sie die Gedanken wahr, die Ihnen durch den Kopf gehen. Begrüßen Sie sie und vertrösten Sie sie auf später. Stellen Sie sich nun die Frage: »Was macht mich glücklich?« Geben Sie Ihrem Unterbewusstsein Zeit und Freiraum, darauf zu reagieren. Was sehen Sie? Bilder? Farben? Hören Sie vielleicht Töne oder nehmen Sie Gerüche wahr? Wenn ein seeliges Lächeln über Ihr Gesicht huscht, dann wissen Sie: Sie sind glücklich. Tauchen Sie in diese Bilder, Farben oder Gerüche einfach ein, baden Sie in Ihren Träumen, genießen Sie sie.

Wenn Sie genug haben, dann räkeln Sie sich wohlig, strecken Sie sich und kehren Sie in die Realität zurück. Nehmen Sie sich nun die Zeit, aufzuschreiben oder auch aufzumalen, was Ihnen Ihr Unterbewusstsein mitgeteilt hat.

zusammenzulegen. Wer weiß, vielleicht kommen Sie auf diese Weise zu Ihrem Wellness-Wochenende im Schwarzwald oder zu dem Meditationslehrgang. Einen Versuch ist es allemal wert!

Auch nicht zu verachten: das gute alte Sparschwein. Und zwar ein richtiges! Besorgen Sie sich ein pralles Porzellansparschwein ohne Schloss, also eines, dass Sie eines Tages tatsächlich »schlachten« müssen. Füttern Sie es, wann immer Sie ein wenig Geld geschenkt bekommen oder etwas übrig haben. Sie werden staunen, wie viel sich da zusammensammelt. Eine Freundin von uns steckte ein Jahr lang jeweils am Freitagnachmittag das gesamte Kleingeld, das sich in ihrem Portemonnaie befand, in eine Spardose. Es kam so viel zusammen, dass sie davon in den Süden fliegen konnte.

Sie können diesen Geldvorrat zusätzlich aufstocken, indem Sie sich von den Dingen trennen, die Sie nicht mehr brauchen: Ganz gleich ob Plunder oder ungetragene Designer-Kleidung, auf dem Flohmarkt oder im Internetauktionshaus finden Sie bestimmt einen Abnehmer dafür. Das hat gleich zwei Vorteile: Sie verdienen ein wenig Geld und entrümpeln Wohnung und Kleiderschrank. Und der seelisch-befreiende Effekt solcher Entlastungsaktionen ist ja bekannt. Sie können nur gewinnen.

Luxus – das sind die kleinen, wertvollen Momente, die das Leben uns schenkt, wenn wir offen für sie sind.

Geld – nicht alles, aber auch nicht unwichtig

Mit Geld können wir uns zwar nicht das kaufen, was wir wirklich vom Leben wollen – aber doch ist es natürlich wichtig.

Ein Leben ohne Geld ist illusorisch, und es spielt eine zentrale Rolle in unserem Denken und Handeln. In unserer Einstellung zu Geld und Besitz spiegelt sich unter anderem wider, welchen Wert *wir uns selbst* beimessen.

Viele Frauen neigen dazu, sich »unter Wert zu verkaufen«, also ihre Leistung und ihre Person nicht angemessen von anderen würdigen zu lassen:

Sie bieten ihre Hilfe unentgeltlich an und beteuern außerdem: »Ach, das war doch gar nicht der Rede wert.«

Sie fordern geliehenes Geld nicht zurück, mit der Begründung: »Geld ist nicht so wichtig. Hauptsache, ich konnte helfen.« Doch insgeheim wurmt es sie, und sie fühlen sich ausgenutzt.

Sie tauschen Fehleinkäufe nicht um oder verlangen das Geld bei mangelhafter Ware nicht zurück.

Sie nehmen Jobs an, die schlecht bezahlt sind.

Sie sind bei Gehaltsverhandlungen viel zu zurückhaltend und erreichen deshalb weniger als Kollegen, die eine deutlich geringere Leistung als sie vorzuweisen haben.

Besonders Frauen haben ein eher gespaltenes Verhältnis zu Geld. Viele sagen und denken: »Es gibt Wichtigeres im Leben, also laufe ich dem Geld nicht hinterher.« Das ist sicherlich eine löbliche Einstellung, und es gibt zahllose immaterielle Werte, die uns bedeutungsvoller sind als schnöder Mammon – doch sollten Sie eines dabei nicht übersehen: Auch wir bemessen unseren Wert in ideellen wie materiellen Gegenwerten. Was wir von uns halten, welchen Wert wir uns beimessen, spiegelt sich darin wider, wie wir unseren Mitmenschen gestatten, mit uns umzugehen.

Das heißt nicht, dass Sie sich nun zu einer knallharten Materialistin wandeln sollen, die das ganze Leben in stabile Währungen umrechnet. Aber Sie sollten Ihren Wert erkennen und ihn gegenüber anderen auch durchsetzen – und das bezieht nun einmal die finanzielle Ebene mit ein.

Werfen wir einen Blick auf Holly Golightly: Sie ist mittellos, doch immer exquisit gekleidet, und sie findet stets Mittel und Wege, um Männer dazu zu bringen, allein für ihre Anwesenheit zu zahlen. Erinnern Sie sich: Holly lässt sich 50 Dollar für die Toilettenfrau und dann noch einmal den gleichen Betrag für ein Taxi geben – und wenn sie keine Lust auf die Gesellschaft des zahlenden Mannes hat, dann entschwindet sie einfach, notfalls auch durch das Badezimmerfenster. Holly ist überzeugt: Allein ihre Gegenwart ist Gegenwert genug für das Geld.

Verwandeln Sie Ihren »Preis« in einen »Wert«. Gerade im Freundeskreis tun wir uns oft schwer damit, Dienste gegenseitig mit Geld zu honorieren. Verabschieden Sie sich doch einfach einmal von diesem Gedanken und überlegen Sie sich, welchen *Wert* eine Hilfe hat! Damit schlagen Sie dann nämlich gleich zwei Fliegen mit einer Klappe: Sie machen klar, dass Ihre Unterstützung etwas wert ist – aber müssen diesen Wert nicht mit irgendwelchen Zahlen festlegen. Denn in dem Moment, wenn Sie fragen »Was ist dir denn meine Hilfe wert?« (Und Sie können dann zum Beispiel noch hinterherschieben: »Ein Essen? Ein Glas Wein oder ein gemeinsames Frühstück?«), zeigen Sie ganz deutlich, dass Sie um des Gleichgewichtes wegen ein Honorar möchten – es Ihnen aber nicht um das Geld geht. Damit steht der andere nicht mehr in Ihrer Schuld, sondern kann gleich etwas tun, um seine Schuld abzutragen.

Aber Vorsicht: Im Berufsleben sollten Sie sich so nicht abspeisen lassen, sondern den Mut haben, mehr Geld zu verlangen – ganz gleich, ob als Arbeitnehmerin oder als Freiberuflerin (diese besonders). Dazu benötigen Sie allerdings ein grundsätzlich positives Verhältnis zu Geld und Besitz, da Sie nur so den

Nutzen und die Vorteile im Blick behalten und nicht denken: »damit nehme ich anderen etwas weg.« Holly ist in dieser Hinsicht übrigens ganz klar: Sie weiß, dass sie Geld braucht, um bestimmte Träume zu verwirklichen – also geht sie souverän und ganz natürlich mit dem Thema um. Warum auch nicht.

Emanzipation hin, finanzielle Unabhängigkeit her: Manchmal ist es auch ganz schön, sich von einem Mann verwöhnen zu lassen. Wir haben im Laufe der Jahre gelernt, althergebrachte Geschlechterrollen zu hinterfragen. Für uns moderne Frauen ist ein Mann nicht mehr der Familienversorger, sondern ein gleichberechtigter Partner.

Doch in (fast) jedem Mann steckt auch ein Eroberer – oder zumindest der Wunsch, dass eine Frau in ihm den Helden erkennt. Da es heute nicht mehr ganz so viele Drachen zu besiegen gibt, haben sich die Heldentaten auf den finanziellen Bereich verschoben. Viele Männer führen gern einmal eine Frau groß aus oder machen ihr wertvolle Geschenke. Lassen Sie sich darum ruhig einmal einladen. Sie müssen nicht stets auf getrennten Rechnungen bestehen oder sich bei der nächsten Gelegenheit mit einer Gegeneinladung revanchieren.

Seien Sie nicht immer der Kumpel, der gerecht teilt, gönnen Sie sich mitunter auch die Rolle der Diva, die gnädig die Gunst ihrer Gesellschaft gewährt.

Glamour – das Gold richtig dosieren

Sie sind Ihnen bestimmt auch schon einmal aufgefallen, die überdekorierten Frauen, die ein wenig zu tief in die Goldschatulle gegriffen haben: Vor lauter Ringen sind die Finger kaum zu entdecken, der Strassschmuck erstickt die etwas zu grelle Kleidung, der Gürtel ist zu gewaltig, die Haut zu sonnenbankgebräunt. Passend dazu wurde ein sehr starkes Make-up und eine grelle Stimme gewählt.

Christine erlebte einmal, wie solch eine Frau in einem Mannheimer Restaurant lautstark protestierte: »Was erlauben Sie sich?! Die Suppe ist kalt! Ich bin vom *Lindenhofboten*!« Der Lindenhof ist ein kleiner Stadtteil von Mannheim, und das Presseorgan, für das diese Frau offensichtlich schrieb, findet außerhalb der Grenzen dieses Quartiers kaum ein Echo. Seit diesem Tag ist die »Lindenhofbotin« für uns ein Synonym für diejenigen Frauen, die es offensichtlich nötig haben, andere Menschen durch Lautstärke und peinliches Auftreten auf ihre vermeintliche Wichtigkeit hinzuweisen. Man fragt sich unwillkürlich, wen sie eigentlich überzeugen wollen: ihr Publikum oder sich selbst?

Mit Glamour hat dieser Auftritt jedenfalls nichts zu tun. Denn Glamour bedeutet nicht, um jeden Preis aufzufallen. Ganz in Gegenteil. Nehmen wir uns ein Beispiel an Holly Golightly. Egal ob sie nachmittags »ihren« Onkel Sally im Gefängnis besucht oder abends auf eine Party geht: Sie wählt ihr kleines Schwarzes. Je nach Anlass unterstreicht sie ihr Outfit durch passende Accessoires: Nachmittags ist dies der große Hut und die kecke Sonnenbrille, abends die elegante Hochsteckfrisur und sorgfältig ausgewählter sowie wohldosierter Strassschmuck. Ihr Make-up ist stets dezent, aber perfekt.

Echter Glamour erwächst aus Stil und Selbstsicherheit.

Hollys Auftreten ist immer elegant, nie übertrieben – und gerade deshalb ist sie die Verkörperung von Glamour. Der wirklich glanzvolle Auftritt hat mit Stil, Klasse und Souveränität zu tun – nicht mit Lautstärke und Medienrummel. Darum sticht auch die heutige Cathérine Deneuve in ihrem reifen Alter noch jeden jungen Partyhüpfer aus.

Verleihen Sie sich einen Hauch von Glamour und setzen Sie Highlights mit einer Prise Goldstaub. Das oberste Gebot: Weniger ist mehr! Wenn Sie die Wahl zwischen zwei Outfits oder Accessoires haben, dann bevorzugen Sie das dezentere! Schließlich wollen Sie glamourös und nicht aufgetakelt wirken.

Ansonsten gibt es ein paar einfache Regeln für Glamourdiven:

- Nie pünktlich sein: Kommen Sie immer ein paar Minuten zu spät, so stimmt Ihr Auftritt, denn nun richten sich alle Augenpaare nur auf Sie.
- Konsequenz zeigen: Ein Vamp ist ein Vamp, ein Vollweib ein Vollweib. Mischen Sie keine Stile!
- Dezent bleiben: Glamouröse Frauen mit Klasse reden weder mit lauter noch mit schriller Stimmer. Im Gegenteil: Um zu verstehen, was sie sagen, müssen sich andere Menschen ihnen zuneigen.
- Immer etwas anders sein: Grenzen Sie sich durch Ihr Verhalten stets ein wenig ab. Trinken Sie heißes Wasser statt Tee, pflegen Sie ein außergewöhnliches Hobby – Sie haben ja schon Erfahrung darin, merk-würdig und bemerkens-wert zu sein.
- Unverwechselbar werden: Kultivieren Sie Ihren eigenen Stil und heben Sie ein oder zwei Dinge als Ihr besonderes Markenzeichen hervor. Bei der Monroe waren es zum Beispiel die platinblonden Haare, bei Marlene Dietrich die männlichen

Hosenanzüge und bei Jacky Kennedy-Onassis die Etuikleider. Gelächelt haben alle drei übrigens ganz wunderbar.

Die wirklich hohe Schule aber ist Grand Glamour. Vorsicht: Jetzt wird es richtig edel und teuer. Denn dieser erwachsen gewordene Stil verlangt den ganz großen Auftritt, und der glänzt nur mit dem entsprechenden Kleingeld. Diese Liga erreicht auch Holly nur in ihren Träumen.

Grand Glamour verlangt Klasse durch und durch: ein lupenreines Hochdeutsch, klassische Bildung und die Beherrschung der geistreichen Konversation bilden die grundlegenden Zutaten. Unerlässlich sind ebenso Stilsicherheit in jeder Hinsicht und tadellose Tischmanieren.

Wer Grand Glamour sucht, findet ihn vor allem an den teuren Orten dieser Welt: Ascot, Kitzbühl (zumindest solange dort Schnee liegt), Monte Carlo – die Treffpunkte der Hautevolee also, die die meisten von uns nur aus Hochglanzmagazinen kennen.

Sie wollen trotzdem dabei sein? Dann hilft alles nichts: Sie brauchen Geld, gute Kontakte, ein paar richtig exklusive Kleidungsstücke, wenn möglich einen Kavalier mit elegantem Automobil, Sicherheit in Sachen Stil und Konversation sowie eine ausgeprägte Lust am Spiel.

Überstürzen Sie am Anfang nichts, machen Sie einen Schritt nach dem anderen. Auf diesem spiegelglatten Parkett müssen Sie absolut sicher sein, bevor Sie hier Ihre Kreise ziehen können:

- Suchen Sie sich ein erstes Übungsfeld für Ihre Auftritte. Es muss nicht immer gleich Ascot sein – Baden-Baden tut es für den Anfang auch.
- Studieren Sie die Gesellschaft vor Ort, wenn Sie ein neues Terrain erobern wollen. Welche Menschen verkehren dort? Wie und was reden sie? Wie sind sie gekleidet?

- Besuchen Sie gezielt Bälle und beobachten Sie die Anwesenden: Wer fällt Ihnen besonders (angenehm) auf und warum? Was können Sie von diesem Auftritt für Ihr Erscheinungsbild und Verhalten lernen?
- Investieren Sie in die richtigen Kleidungsstücke und Accessoires. Kaufen Sie im Zweifelsfalle dort ein, wo auch Ihre Vorbilder shoppen. Wählen Sie aber nur Kleidung, die wirklich gut sitzt und zu Ihnen passt, sonst wirken Sie verkleidet und aufgebretzelt
- Besichtigen Sie die Orte Ihrer späteren Auftritte zunächst inkognito. Nichts ist verräterischer, als im Casino von Monte Carlo nach den Toilettenräumen fragen zu müssen. Das entlarvt sofort die Novizin.
- Schaffen Sie sich Verbündete – Hotelportiers, Empfangsdamen, Oberkellner. Diese sollten Ihren Namen kennen und wissen, dass Sie etwas Besonderes sind. (Julia Roberts als *Pretty Woman* winkt Ihnen zu.)

Und *last but not least*: Finden Sie die passende Begleitung für diesen großen Auftritt. Hier gilt eine einfache Regel: Wählen Sie immer nur das Beste.

Suchen Sie nach einem Mann, der Sie inspiriert, damit Ihre Persönlichkeit erstrahlen kann.

Wie heißt es im Volksmund so treffend: Zeige mir deine Freunde, und ich sage dir, wer du bist. Dass die falsche Gesellschaft das eigene Image schwer anschlagen kann, beweisen berühmte Fehltritte aller Art: In den 60er Jahren warf Ingrid Bergmanns (zunächst) außereheliche Beziehung zum italienischen Filmemacher Roberto Rossellini einen dunklen Schatten auf ihr bislang makelloses Image – in der Gunst des amerikanischen Publikums sank sie ganz gewaltig. Supermodel Kate Moss leidet heutzutage immer wieder unter den Drogeneskapaden ihres Musikerfreundes, und Prinzessin Stéphanie von Monaco musste jahrelang mit dem zweifelhaften Ruf kämpfen, sich besonders gern an den breiten Schultern von Kellnern auszuruhen.

Die Regenbogenpresse stürzt sich gern auf solche Details und breitet sie mit Schadenfreude in der Öffentlichkeit aus. Es ist nicht einfach, den Fleck wieder abzuwaschen, wenn man einmal falsch abgestempelt wurde.

Aber nicht nur die Angst vor Klatsch und Tratsch sollte für Sie der Anlass sein, nach einer angemessenen Begleitung zu suchen, auch Ihr Selbst- und Qualitätsbewusstsein darf Ihnen keine andere Wahl als die beste lassen.

Holly Golightly wählt natürlich auch sorgfältig aus, wer sie begleiten darf – und wer nicht ihren Kriterien standhält, wird schnell und schmerzlos abserviert. Denken Sie nur an den Anfang des Films: Da beschwert sich ein Verehrer, Holly hätte ihn einfach im Restaurant sitzen lassen. Ohne ihn richtig anzusehen, verweist ihn Holly eindeutig in seine Schranken.

Wo finden Sie aber die richtige Begleitung? Zunächst sollten Sie für sich klären, was Sie wollen: Möchten Sie sich innerhalb der Hautevolee einen passenden Gatten angeln? Dann darf Ihr Begleiter keine romantischen Gefühle für Sie hegen. Machen Sie Ihre Ziele von Anfang an deutlich. Es wäre unverantwortlich, wenn Sie jemanden, der sich in Sie verliebt hat, dazu benutzten, einen adäquaten Heiratskandidaten kennen zu lernen.

Möchten Sie dagegen gemeinsam mit einem Liebsten die besseren Kreise aufmischen, dann sollten Sie sich vorab überlegen, wohin es in Ihrem Leben gehen soll. Welche Begleitung wünschen Sie sich für diesen Weg?

Wenn Sie sich für Grand Glamour entscheiden, dann kommen Sie um Philosophen, Intellektuelle, Schriftsteller, Adelige oder anderweitige Berühmtheiten nicht herum. Das sollte auch Ihrer Begleitung klar sein. Überlegen Sie also gut:

- Die richtige Begleitung fühlt sich ebenfalls dort wohl, wo Sie sich in Zukunft sehen. Also keine Kompromisse aus Nettigkeit – einen passionierten Hobby-Angler werden Sie nur für wenige Stunden auf dem Golfplatz glücklich machen können. Und der Mann mit dem Faible für Hausmannskost und Puschenkino wird Sie nur ungern in die Oper ausführen.
- Achten Sie auch bei Ihrer Begleitung auf tadellose Umgangsformen – das tun andere nämlich auch. Wer die Hummergabel mit dem Salatbesteck verwechselt, belegt nicht gerade seine Weltläufigkeit.
- Suchen Sie Gesellschaft, die Sie inspiriert. Nichts ist unattraktiver als das gelangweilte Gesicht einer schönen Frau.
- Im Zweifelsfall: Schalten Sie eine Kontaktanzeige. In Ihrem Dating-Wunsch können Sie explizit ausformulieren, was Sie suchen – und hinterher in aller Ruhe auswählen und probieren.

Grand Glamour ist anspruchsvoll und fordert Ihnen einiges ab. Doch wenn Sie sich auf diesem glatten Parkett sicher fühlen, werden Sie darauf kunstvolle Pirouetten vollführen können.

»Sie waren süß! Ohne Sie wäre ich nie fertig geworden!«

oder: Warum Freunde und Netzwerke so wichtig sind

Holly Golightly hat viele Menschen um sich herum. Ob es sich immer um Freunde handelt, vermag man am Anfang des Films nicht richtig zu beurteilen. Warum, wenn sie Freunde hat, hängt sie sich gleich so intensiv an Paul? Ist er vielleicht ein bester Freund? Spürt Holly, dass sie mit Paul mehr verbindet, als lose Nachbarschaft? Jeder Mensch – auch Holly Golightly – braucht Freunde.

Das kennen Sie sicherlich: Etwas Unerwartetes, vielleicht auch Trauriges oder Ärgerliches ist in Ihrem Berufs- oder Privatleben passiert, und Sie fühlen sich plötzlich ganz allein. Wenn Sie zu den glücklichen Frauen gehören, die eine beste Freundin oder Vertraute haben, dauert es möglicherweise nur wenige Minuten, bis Sie die Nummer von diesem Menschen wählen. Oder sie verfügen über ein intaktes Netzwerk von Freunden, Verwandten und Bekannten, die stets zur Stelle sind, wenn Sie Rat und Tat, Unterstützung oder eine Schulter zum Anlehnen brauchen – wie wunderbar. Dann besteht dieser Kreis vermutlich aus genau jenen Menschen, mit denen Sie auch freudige Ereignisse teilen, Feste feiern und denen auch Sie gern und hilfsbereit zur Verfügung stehen, wenn einmal Not am Mann ist. Ein Geben und Nehmen also, das allen Beteiligten guttut. Ein Netzwerk aus Freunden und Vertrauten fängt uns auf, wenn wir den Boden unter den Füßen verlieren. Hier finden wir die

Hilfe und Unterstützung, wenn wir nicht mehr weiterwissen. Und dabei ist es ganz egal, ob es sich um die Renovierung der Küche oder um die Trennung vom Geliebten handelt – auf unsere Freunde ist Verlass.

Und mit ihnen feiern wir auch unsere Erfolge: den geglückten Karriereschritt, die abgeschlossene Verschönerung der Wohnung, die neue Liebe.

Es gibt aber auch Verbindungen, die haben das Prädikat »gelegentlich«. Gelegentlich trifft man sich. Gelegentlich flirtet man. Gelegentlich unterstützt man einander. Im Film sind diese »gelegentlichen« Verbindungen bei Holly in der Mehrzahl. Es scheint genau das zu sein, was sie will.

Sie verfügt über ein funktionierendes Netzwerk – mit einigen kleinen Abstrichen. Obwohl diese junge exzentrische Frau manchmal so verloren auf der Welt wirkt, hat sie Menschen, auf die sie sich verlassen kann, wenn es hart auf hart kommt: Paul tröstet sie und steht ihr bei, als ihr Bruder stirbt, und er holt sie aus dem Gefängnis ab. Ihr ehemaliger Agent stellt ohne mit der Wimper zu zucken ihre Kaution; als Paul ihn darum bitten will, ist schon alles erledigt. Ihre merkwürdige Model-Freundin stellt sie zur rechten Zeit den richtigen Männern vor. Und sogar der stets verärgerte chinesische Fotograf lässt sie letztendlich doch immer ins Haus hinein, wenn Holly wieder einmal keinen Schlüssel dabei hat.

Und was leistet Holly, um ihr Netzwerk intakt zu halten? Wem bietet sie Hilfe, Rat oder Tat an? Eigentlich niemandem. Sie löst das Thema anders: Sie beschenkt die Menschen mit ihrer Anwesenheit und Aufmerksamkeit. Sie lässt ihre Umwelt für einen Augenblick an ihrer Exzentrik und Merk-Würdigkeit teilhaben. Sie strahlt mit ihrer Schönheit und verzaubert mit ihrem Lächeln.

Ganz wichtig ist dabei jedoch: Holly nutzt die Menschen

nicht aus, nie ist sie manipulativ oder berechnend. Und stets gibt sie etwas zurück, wenn sie etwas empfangen hat. Wer immer Holly begegnet, muss sie lieben. Und auch wenn sie mitunter anstrengend, selbstbezogen und flatterhaft wirkt, so nimmt ihr doch niemand wirklich etwas übel. Nicht einmal Doc Golightly, ihr Exmann, trägt ihr nach, dass sie ihn überstürzt verlassen hat.

Gute Freunde helfen dabei, Glücksmomente zu steigern und Leid zu mindern. Diese Nähe macht das Leben schöner.

Ein entscheidender Punkt bei dem Geben und Nehmen von Hilfe ist die Tatsache, dass es dabei in der Regel nicht um materielle Dinge geht. Freundschaften und Netzwerke leben von anderen Werten wie Nähe, Vertrauen, Austausch, gemeinsames Lachen, kleinen Geschenken und Aufmerksamkeiten, einem offenen Ohr zur rechten Zeit und vielen vermeintlich unbedeutenden Aspekten, die doch so wichtig sind. Das Beispiel Hollys zeigt ganz deutlich, wie das funktioniert: Denn sie hat nun wirklich nichts Materielles, das sie freundlichen Helfern schenken könnte. Doch für ihr Lächeln, ihre Aufmerksamkeit und Empathie, ihr Lachen und ihren gekonnten Augenaufschlag tun sie alles. Und mehr verlangen sie auch nicht – sieht man einmal von der einen oder anderen aufdringlichen männlichen Begleitung ab, die Holly »passiert«. Aber die haben ohnehin keinen Stil und werden folglich postwendend aus dem Netzwerk entlassen.

How to go lightly

Kennen Sie Ihr persönliches Netzwerk? Denken Sie darüber nach, wen Sie zu Ihrem ganz eigenen Netzwerk zählen würden. Nehmen Sie dazu ruhig einen Zettel und einen Stift in die Hand und zeichnen Sie! Für jeden Knoten Ihres Netzes einen Namen.

Beginnen Sie mit sich selbst in der Mitte des Blattes, also in der Mitte des Netzes. Aber bleiben Sie kritisch: In ein stabiles Netzwerk gehören nur Namen von Menschen, denen Sie ähnlich verlässlich zur Seite stehen.

Je größer Ihre Zeichnung wird, desto beruhigender, finden Sie nicht auch? Und wenn Sie Ihr Netz vielleicht doch etwas dürftig bewerten, ist es nun an der Zeit, daran weiter zu knüpfen.

Um an Ihrem Netzwerk weiterzuarbeiten, ist es wichtig, dass Sie sich klarmachen, welche Bereiche Ihnen eigentlich fehlen.

Sind es Kollegen, die Ihnen im Job im Team zur Seite stehen könnten? Dann wird es Zeit für ein lockeres Get together nach der Arbeit! Entweder Sie laden ein paar Kollegen zu einer After-Work-Party ein und nutzen so die Gelegenheit, mehr voneinander zu erfahren oder sie machen es ganz klassisch mit einem Glas Wein bei Ihnen Zuhause.

Sind es lockere Bekannte für die Freizeitgestaltung, die zur Not auch einmal beim Umzug mit anpacken? Dann nichts wie hin in den Verein, das Fitnessstudio oder den VHS-Kurs, den

Sie ohnehin schon lange machen wollten. Hier ist der ideale Nährboden, um neue Bekanntschaften machen zu können, die (zunächst) nicht zu nahe kommen.

Sind es richtig gute Freundinnen oder Freunde, die Ihnen fehlen? Dann liegt es möglicherweise daran, dass Sie Ihre Freundschaften nicht ausreichend pflegen. Freunde wollen einen regelmäßigen Kontakt und Austausch, brauchen Offenheit und Nähe in beide Richtungen und haben vor allem *immer* Vorrang – ganz gleich, ob im Job gerade viel zu tun ist, Sie eigentlich zu müde für ein längeres Telefonat sind oder lieber das Wochenende allein verbringen würden, als der besten Freundin beim Liebeskummer beizustehen.

Ausgewogenheit ist das Maß aller Dinge

Haben Sie schon einmal ein echtes handgeknüpftes oder gehäkeltes Netz in der Hand gehabt? Es lohnt sich wirklich! Denn es ist tatsächlich so, dass Netze bestimmte typische Eigenschaften haben (und dabei spielt es keine Rolle, ob sie damit Fische fangen, Einkäufe tragen oder Haare bändigen möchten): Zieht man an einer Seite, rücken die Knoten näher zusammen. Zerrt man zu stark, wird das Netz ganz klein und verliert seine tragende Funktion. Gleichmäßig abfedern oder halten kann es nur, wenn der Abstand von Knoten zu Knoten stets gleich ist. Und am besten trägt und hält es Dinge, wenn ein Gewicht darin gleichmäßig verteilt wird.

Klingt alles ganz banal, ist es jedoch nicht: Denn übertragen auf ein Netzwerk von Freunden, Verwandten, Bekannten und Kollegen lassen sich daraus wichtige Erkenntnisse ableiten:

1. Ein Netzwerk hält einseitige Belastungen durchaus aus, wenn sie nicht zu stark werden. Wenn Sie also Ihr Netz über einen längeren Zeitraum in Anspruch nehmen, weil Sie zum Beispiel großen Kummer haben oder Ihre Freunde oft brauchen, ist das in Ordnung und Ihre Freunde rücken für Sie buchstäblich enger zusammen. Vorausgesetzt Sie stehen in absehbarer Zeit auch wieder für andere zur Verfügung. Und genau das kommunizieren Sie am besten frühzeitig.
2. Auch ein menschliches Netzwerk verträgt kein Gezerre. Wenn Sie also immer nur fordernd auf Ihre Mitmenschen zugehen und nicht ab und zu auch selbst einmal (im wahrsten Sinne des Wortes!) nachgeben, kann das Netz nichts tragen oder halten. Die Maschen ziehen sich dann nämlich ganz schnell zu hässlichen Knäulen zusammen oder reißen. Gehen Sie also sorgsam damit um.
3. Je ausgewogener das Netzwerk, desto stärker ist es. Knüpfen Sie Ihr Netz möglichst gleichmäßig, das erhöht langfristig die Tragkraft. Das betrifft die Mischung der darin enthaltenen Menschen ebenso, wie das Spiel von Abstand und Nähe.
4. Gleichmäßige Gewichtsverteilung erhöht die Tragkraft Ihres Netzes. Wenn Sie es nutzen, machen Sie sich also am besten vorher Gedanken darüber, wie Sie Ihr Thema, Problem oder Anliegen möglichst sinnvoll verteilen. Nicht immer ist eine Person allein in der Lage, Sie zu verstehen oder zu unterstützen – möglicherweise ist Ihr »Gewicht« zu schwer.

Hinter alldem steht das ungeschriebene Gesetz, das Netzwerke langfristig in jeder Hinsicht Ausgewogenheit brauchen, um zu funktionieren. Dazu ist es wichtig, dass Sie an andere Menschen stets den gleichen Maßstab wie an sich selbst anlegen.

Zugegeben, das ist nicht immer ganz einfach, aber sogar Holly macht uns dieses Prinzip virtuos vor.

Sie legt an andere Menschen die gleichen Maßstäbe an, wie an sich selbst: Als sich der vermeintlich reiche amerikanische Junggeselle (der mit der Brille, der auf ihrer Party auftaucht) für eine vermögende Erbin entscheidet, nimmt Holly ihm das nicht übel – schließlich war er auf der Suche nach jemandem, der ihm aus seiner finanziellen Krise heraushalf. Wie könnte Holly ihm das verdenken, schließlich verfolgt sie das gleiche Ziel. Mit einem Achselzucken lässt sie diese Sache hinter sich.

Holly ist offen für andere Menschen und begegnet ihnen zunächst stets mit Verständnis. Sogar der aufgebrachte Kerl ganz zu Anfang des Films, der mehr von ihr wollte als nur Toilettengeld zu bezahlen, tut ihr fast ein wenig leid, als er vergeblich vor ihrer Tür randaliert. Auch von Paul verlangt sie nie mehr, als sie geben kann – das, was er mehr gibt, tut er aus eigenem Antrieb.

Menschen lieben es, wenn man sie so nimmt, wie sie sind und vorbehaltlos akzeptiert. Auch, wenn ihre Frisuren grauenhaft sind, sie unmögliche Klamotten tragen oder einen Beruf ausüben, der einem selbst nichts weiter sagt, als pure Langeweile. Oft genug entpuppen sich diese Menschen, das heißt die äußere Haut verschwindet und es erscheint ein wunderbarer Seelenschmetterling. Ein Mensch, dessen Äußerlichkeit auf einmal hinter einer Seelengröße ganz verwischt. Diese Juwelen im anderen finden Sie aber nur, wenn Sie ihm eine Chance geben.

Oft verlangen wir jedoch von anderen Menschen viel mehr, als von uns selbst. Sie sollen anders aussehen, anders sein, bestimmte Dinge sagen oder tun. Eine Freundschaft, die erst einmal nichts verlangt oder erwartet, kann zu einer erstaunlichen Größe heranwachsen und das Leben ungemein bereichern. Die besten Freundinnengeschichten sind so entstanden!

Holly sieht in anderen Menschen stets das Beste. »Ihren« Gangster, Onkel Sally Tomato, bezeichnet sie als einen »ganz reizenden Mann«, selbst für seinen schmierigen Anwalt findet sie freundliche Worte. Auf diese Weise weckt sie die Ressourcen ihrer Freunde. Paul zum Beispiel schenkt sie ein Farbband für seine Schreibmaschine, als sie hört, dass er Autor ist. Seine zaghaften Einwände bezüglich seines doch eher bescheidenen Erfolges überhört sie, obwohl sie selbst an seiner Schreibmaschine erkennt, dass er seit geraumer Zeit nicht kreativ war. Dennoch glaubt sie an ihn und trägt dazu bei, sein Potenzial zu fördern. Und durch sie angeregt und inspiriert, verfasst er – nach einer mehrjährigen Schreibblockade – mehrere Kurzgeschichten, die er auch veröffentlichen kann. Am Ende des Films ist er in seiner Karriere als Schriftsteller deutlich vorangekommen.

Ist das nicht wunderbar? Einem anderen Menschen so zu helfen? Und das Aufregende daran ist, dass wir alle so etwas können. Denn in dem Moment, wenn wir in unseren Mitmenschen das Gute erkennen und beschließen, die guten Seiten zu fördern, werden wir auch zu liebevollen Netzwerkern, die hilfreich mitknüpfen am Ganzen, indem wir den wahren Wert anderer erkennen.

Das kann die Freundin sein, deren Handarbeitsfimmel wir endlich als wahres Schneider-Talent identifizieren und die wir ab sofort im Freundeskreis weiterempfehlen.

Das kann der Kollege sein, den wir bislang nur als lästigen Schwätzer wahrgenommen haben und der sein Redetalent sinnvoll im Betriebsrat einbringen könnte.

Oder die Nachbarin, die sich so sehr für andere interessiert, dass wir ihr mit gutem Gewissen einen Beitritt zu Nachbarschaftshilfe empfehlen können.

Netzpflege – die Basis für Stabilität

Es ist nicht allein unser eigenes Verhältnis zu anderen, das die Stabilität unseres persönlichen Netzes ausmacht, sondern auch das Verhältnis unserer Netzwerkpartner untereinander. Auch Holly weiß das und vernetzt die Menschen gern. Auf ihrer Party stellt sie Paul ihrem ehemaligen Agenten vor und schärft ihm ein: »Ich lege Wert darauf, dass du Fred (so nennt sie Paul) reich und berühmt machst!« Ein wenig direkt vielleicht, aber sehr anschaulich.

Eigentlich ist es logisch: Wenn wir dafür sorgen, dass innerhalb unseres Freundeskreises, unserer Kollegen oder Nachbarn sinnvolle, produktive oder einfach nette Synergien entstehen, haben auch wir etwas davon. Denn der rege Austausch sorgt dafür, dass immer mehr Informationen und Kontakte im Netz kursieren – und im Bedarfsfall folglich auch schneller Freundschaftsdienste oder Gefallen abrufbar sind. Und davon profitieren natürlich immer alle.

Nicht umsonst sorgen große und fortschrittliche Unternehmen seit Jahren dafür, dass es interne Netzwerke für die Mitarbeiter gibt, die weit über die tägliche Arbeit hinausgehen. In solchen Netzwerken kursieren Themen von der Freizeitgestaltung über Fortbildungen bis hin zu Urlaubsangeboten. Sie dienen vor allem dazu, die Stabilität der inneren Bande zu festigen und damit dem Unternehmen zu nützen.

Doch was hier als Wert vor allem für das berufliche Umfeld gilt, lässt sich natürlich problemlos auf das Private übertragen. Ein kritischer Kollege, der aufgrund des allgemein offenen Miteinanders ehrlich seine Meinung zu unseren Plänen äußert, ist dabei durchaus vergleichbar mit einem guten Freund, der als Seelenvertrauter bei der persönlichen Weiterentwicklung hilft.

Zeigen Sie wirkliches Interesse an Menschen

Warum nehmen wir Holly ihre Eskapaden nicht übel? Warum halten wir sie nicht für ein oberflächliches, verzogenes Gör, das nur auf Geld aus ist? Weil sie sich eine Unschuld des Herzens bewahrt hat und an anderen Menschen wirklich Anteil nimmt.

Anderen offen begegnen, wirkliche Wärme und Nähe ausstrahlen – das ist der Erfolgsweg von Menschen, die uns ganz besonders sympathisch sind. Doch nur wenige gehen wirklich unvereingenommen auf andere zu. Viele haben Angst, sich zu offen zu zeigen; sie fürchten, dass sie sich verletzlich machen oder ausgenutzt werden. Und manche Menschen haben tatsächlich kein ausgeprägte Interesse an ihrer Umwelt. Sie stehen für sich selbst im Mittelpunkt allen Geschehens.

Wie steht es mit Ihnen? Hören Sie gern anderen Menschen zu? Fragen Sie nach? Merken Sie sich Gesichter und Geschichten? Haben Sie den langen Atem, den es braucht, damit Verbindungen und Vertrauen wachsen können?

Empathie – Einfühlungsvermögen – kann man üben, indem man sich ein wenig auf das eigene Verhalten konzentriert. Das klingt im ersten Augenblick paradox, doch Sie werden sehen, dass dies der Königsweg zum Verständnis anderer Menschen ist.

Anteilnahme und Empathie gehören zu den schönsten Geschenken, die wir der Welt geben können. Kaum etwas anderes wirkt so verbindend und friedvoll über zwei Menschen hinaus. Und nichts festigt eine Freundschaft oder ein Netzwerk mehr und nachhaltiger, als ehrliches und unvoreingenommenes Interesse aneinander. Versuchen Sie es, Sie werden nur gewinnen.

HOW TO GO LIGHTLY

Trainieren Sie Ihr Einfühlungsvermögen: Nehmen Sie sich beim nächsten Date mit Ihrem Liebsten oder dem Treffen mit der Freundin vor, genauer hinzuhören und überlegter nachzufragen. Versuchen Sie, herauszufinden, was man Ihnen wirklich erzählen möchte. Fragen Sie nach, wenn Sie etwas genauer erläutert haben möchten. Ihr Gesprächspartner wird sich über Ihre Fragen freuen, denn sie signalisieren Offenheit und Interesse.

Schauen Sie Menschen in die Augen, blicken Sie nicht nervös an ihnen vorbei.

Zeigen Sie, dass Sie Nähe mögen. Dies ist ganz einfach möglich durch leichte Berührungen bei der Begrüßung und während des Gesprächs.

Wenn eine Freundin Kummer hat, dann verkneifen Sie sich Ratschläge und erkundigen Sie sich stattdessen, was *ihr* jetzt guttut und was Sie tun können, damit der Kummer etwas gelindert wird.

»Was sind Sie eigentlich?« »Ich glaube Schriftsteller« »Sie glauben es? Wissen Sie es nicht?«

oder: Wie Sie verborgene Stärken entdecken

Holly Golightly lebt nicht allein: Sie teilt ihr Appartement mit einem kleinen, rot-braun getigerten Kater. Ihr Verhältnis zu ihrem Mitbewohner ist ein bisschen eigenartig: Die meiste Zeit des Filmes beachtet sie ihn kaum. Er ist zwar da, doch sie behandelt ihn eher stiefmütterlich – ein paar kurze Streicheleinheiten, kurz ein wenig Futter in den Napf gestreut, das war's. Und das Merkwürdigste: Holly hat dem Kater bislang keinen Namen gegeben. Erst wenn sie glücklich in einem Zuhause angekommen ist, so erklärt sie Paul, erst dann will sie sich einrichten, sich Möbel kaufen und auch dem Kater einen Namen schenken. Bis dahin lebt sie wie in einer Warteschleife, alles ist ein wenig improvisiert. Paul hingegen ist sich nicht sicher, ob er Schriftsteller ist oder nicht. Nicht einmal ein Farbband ist in seiner Maschine. Er liebt sein eigenes, einziges Werk, aber er scheint zu verdrängen, dass er – ohne Farbband – kein zweites Buch schreiben kann. Holly macht ihn darauf aufmerksam. Sie fragt direkt nach, ob er nun Autor ist, oder nicht »Wissen Sie das nicht?« und herausgelockt durch diese Frage kann Paul seinen Berufs- und Lebenstraum klar formulieren: »Ich bin Schriftsteller«.

Der Kater ohne Namen

Wir Menschen neigen dazu, Dinge, die uns nahe sind, die wir lieben, mit einem Kosenamen zu versehen. Manche nennen ihr Auto »Knuddelchen«, verblüffen mit einem lässigen »Das ist übrigens Sonja« und weisen dabei auf eine eher durchschnittliche Zimmerpflanze oder gehen nur mit »Jonny« auf die Reise – einem völlig verbeulten, aber offenbar heiß geliebten Koffer. Manche Namen werden nie ausgesprochen, und doch denkt man an ein bestimmtes Ding oder einen ganz gewissen Menschen stets unter dieser Bezeichnung. Namen sorgen für Nähe und Vertrautheit.

Und Holly? Was ist los mit diesem Partygirl? Warum gibt sie ihrem Kater keinen Namen? Ist sie womöglich bindungsunfähig? Lassen Sie sich nicht täuschen – auch wenn der Kater eher mitläuft wie ein gerade noch geduldeter Untermieter, so gehört er doch zu Hollys Leben untrennbar hinzu. Nicht nur das, er übernimmt im Film auch eine wichtige Funktion. Achten Sie einmal darauf, wann der Kater ins Bild kommt: Er ist es nämlich, der Holly weckt, als Paul das erste Mal an ihre Tür klopft. Ohne den Kater hätte Holly Paul vielleicht gar nicht richtig kennen gelernt, wer weiß?

Der Kater ist da, und doch nimmt Holly ihn nicht wirklich wahr. Er ist für sie wie ein »blinder Fleck«. In der Psychologie versteht man unter blinden Flecken Teile des Ichs oder der Persönlichkeit, die man selbst gar nicht bemerkt. Die Begrifflichkeit stammt aus der Biologie: Hier bezeichnet der blinde Fleck den Punkt im Auge, an dem die Fasern von 200 Millionen Fotorezeptoren der Retina das Augeninnere verlassen. Neben dem Sehnerv bleibt kein Platz mehr für Sinneszellen – somit kann also dieser Punkt in unserem Auge keine Informationen aufnehmen.

Für eine Stelle in unserem Gesichtsfeld (ungefähr 15 Grad Richtung Schläfe von dem Punkt aus, den wir gerade fixieren) sind wir also blind. Doch hatten Sie je den Eindruck, dass Ihnen ein Puzzelteil eines Anblickes fehlt? Nein, nicht wahr? Denn unser Gehirn spielt uns vor, dass wir auch an dieser Stelle etwas wahrnehmen. Es füllt die Lücke schlichtweg mit den Informationen aus, die an den Rändern des blinden Flecks vorliegen.

Ähnlich geht es uns mit unserer Selbstwahrnehmung: Wir glauben, alles von uns zu wissen – und doch gibt es da Seiten oder Anteile, die wir einfach nicht erkennen können. So wie Paul nicht erkennt, dass er ein Schriftsteller ist, der sich selbst am Erfolg hindert. Anderen Menschen, in diesem Fall Holly, sind diese Eigenschaften oder Verhaltensweisen dagegen offensichtlich, denn sie betrachten uns ja aus einem anderen Winkel. Das klingt im ersten Augenblick beunruhigend: Andere erkennen Dinge in uns, die uns selbst verborgen sind, sie wissen mehr über unsere Persönlichkeit als wir.

Haben wir womöglich eine dunkle Seite, die uns nicht bewusst ist? Aber das, was uns verborgen ist, kann andererseits auch etwas sehr Schönes sein. Und dass wir es jetzt nicht sehen können, heißt nicht, dass uns dieses Wissen für immer fehlen wird. Es ist wie beim Auge: Wir müssen nur die Perspektive ändern.

Betrachten wir es noch einmal von der biologischen Seite: Ohne diesen blinden Fleck könnten wir gar nichts von unseren Sinneseindrücken wahrnehmen. Diese Lücke ist wichtig, damit die Informationen aus dem Auge über den Sehnerv an unser Gehirn weitergeleitet werden. Nur so können wir überhaupt sehen.

Ein blinder Fleck ist an sich neutral, er ist weder positiv noch negativ. Es verbirgt sich eine Eigenschaft oder ein Verhalten dahinter, das Sie so oder so *bewerten* können. Das hängt ganz von Ihrem Blickwinkel ab. Fallen Sie zum Beispiel anderen Menschen oft ins Wort, bemerken das aber nicht? Das könnte ein blinder Fleck sein. Andere Menschen spiegeln Ihnen dieses Verhalten zurück: »Mensch, lass mich doch mal ausreden!« Im Familien- oder Freundeskreis kann Ihnen diese Eigenschaft unangenehm und peinlich sein. Für eine Politikerin hingegen, die sich in einer männlich dominierten Welt behaupten muss, zeugt dies von Durchsetzungskraft – in diesem Zusammenhang werden Sie Ihr Verhalten als durchweg positiv einschätzen.

Vielleicht stellen Sie aber auch fest, dass häufig Menschen zu Ihnen kommen und sagen: »Ich bin so durcheinander, ich muss dir etwas erzählen. Du bringst immer so schön Ordnung hinein.« Wie keine andere in Ihrem Freundes- oder Kollegenkreis können Sie also Dinge und Inhalte auf den Punkt bringen und ihnen eine Struktur geben. Wie hört sich diese Rückmeldung für Sie an? Positiv oder negativ?

Bei manchen Menschen finden sich zahlreiche blinde Flecken, weil sie nicht gern über sich selbst reflektieren. Andere hingegen gehen mit Leidenschaft auf die Jagd nach unbekannten Seiten an sich. Sie möchten sich durch und durch kennen lernen. Ob man wohl alle blinden Flecken an sich selbst entdecken kann? Hoffentlich nicht! So bleibt das Leben spannend.

Holly Golightlys blinder Fleck kommt recht früh ins Spiel. Sie scheint der Inbegriff von Lebenslust und Daseinsfreude zu sein – und doch gesteht sie Paul schon bald die Angst, die sie manchmal befällt: »Man hat plötzlich Angst und weiß nicht wovor.« Etwas scheint in ihrem Leben also ganz anders zu laufen, als sie es möchte. Holly scheint etwas zu vermissen, das sie bislang nicht finden konnte – weil sie gar nicht weiß, was es ist. Und für diese unerkannte Sehnsucht steht ihr Kater.

Wenn Sie das nächste Mal *Frühstück bei Tiffany* sehen, dann achten Sie mal darauf, wie Holly mit ihrem Kater umgeht: Sie versorgt ihn zwar, tätschelt ihm ab und zu den Kopf – doch sie schaut ihn eigentlich kaum an. Erst ganz am Ende, im kitschig-schönen und anrührenden Happy End des Films nimmt Holly wirklich Kontakt zu ihm auf. Erst da hat sie gefunden, was sie wirklich glücklich macht: die tiefe Liebe zu Paul.

Sie erinnern sich: Der Kater ist es, der Holly auf Paul – und damit auf die Liebe – aufmerksam macht. Dieses süße Tier ohne Namen steht für die Seite Hollys, die sie sich nicht eingesteht: ihre Sehnsucht nach Liebe und Geborgenheit. Solange sie auf der Suche nach ausschließlich materieller Sicherheit ist, bleibt sie unglücklich und ängstlich.

Versuchen wir einmal, Hollys blinden Fleck noch etwas genauer zu beschreiben. Als Zuschauerinnen fallen uns beide Seiten dieses schillernden Partygirls ins Auge:

- Wir sehen ihre Eigenständigkeit und Unabhängigkeit – und erkennen gleichzeitig ihren Wunsch nach Sicherheit und einem Zuhause.
- Wir bewundern ihre atemberaubende Wirkung auf Männer – und bemerken ihren Wunsch, Geborgenheit und Liebe zu finden.
- Wir beneiden sie um ihre Unbekümmertheit – und sehen doch die Unsicherheit, die sich dahinter verbirgt.
- Wir sind begeistert von ihrem gewandten Umgang mit anderen – und merken doch, wie einsam sie sich manchmal fühlt.

»Ich bin doch glücklich!«, könnte sie uns nun empört zurufen – und wir würden antworten: »Nein, Darling, bist du nicht, nicht wirklich.«

Ein Teil dessen, was Hollys Persönlichkeit ausmacht, wird von ihr nicht bewusst kommuniziert und trotzdem von uns erkannt. Denn auch ihre ängstliche Seite, ihre Unsicherheit und

Einsamkeit, gehört zu ihr – ebenso wie der Glamour und die wilden Partys.

Diese uneingestandenen Sehnsüchte und Träume, dieses tiefe Empfinden, das wir in Holly Golightly entdecken können, das macht sie uns so sympathisch. Das macht aus dem oberflächlichen Glamourgirl einen Menschen mit empfindsamer Seele. Wir können uns in ihren Träumen wiederfinden – darum lieben wir sie und halten sie nicht für eine berechnende und materialistische Zicke.

Der blinde Fleck gehört zu uns

Sie sehen, blinde Flecken müssen überhaupt nichts Negatives beinhalten – vielleicht sind sie gar die Ursache, warum andere uns lieben. Ein Grund mehr, unseren eigenen unerkannten Seiten auf die Spur zu kommen. Das Suchen nach unentdeckten Fähigkeiten erinnert an die Ostereiersuche unserer Kindheit: Es macht Spaß – und kaum hat man ein Ei gefunden, will man weitersuchen und mehr finden.

Und ähnlich wie unentdeckte Ostereier gehen blinde Flecken nicht verloren. Sie sind wie unerfüllte Wünsche oder unerlöste Geister. Auch wenn wir sie nicht sehen – sie melden sich in irgendeiner Form. Sie streichen wie eine hungrige Katze um unsere Beine und wollen Aufmerksamkeit. Erst wenn wir sie wirklich wahrnehmen und benennen, sie also tatsächlich akzeptieren als etwas, das zu uns gehört, erst dann kommen sie »zur Ruhe«. Und wir können ein vollständiger Mensch werden, der nicht eine Seite von sich bewusst oder unbewusst verleugnen muss.

Wie steht es mit Ihnen? Möchten Sie Ihrem Kater einen

Namen geben? Mit anderen Worten: Sind Sie bereit, Unbekanntes an sich zu entdecken und eine in sich ruhende Persönlichkeit zu werden? Dann lassen Sie uns auf Entdeckungsreise gehen.

Falls Sie tatsächlich einen blinden Fleck an sich entdecken, den Sie gar nicht mögen, dann haben Sie die Chance, sich an dieser Stelle weiterzuentwickeln und zu entfalten. Ohne das Wissen um diese Eigenschaften oder Verhaltensweisen hätten wir diese Möglichkeit nicht. Denn auch wenn wir manches Verhalten nicht wahrhaben wollen und manchen blinden Fleck nicht entdecken, er ist doch da. Auch wenn wir ihn nicht sehen wollen, bleibt er für andere Menschen sichtbar. Es hilft nicht viel weiter, wie ein Kind die Augen zuzuhalten und zu denken, nun sei man für andere Menschen unsichtbar.

Damit wir blinde Flecken entdecken können, benötigen wir die Hilfe Dritter. Suchen Sie sich für Ihre Expedition Menschen (am besten mehrere), denen Sie vertrauen: gute Freundinnen, liebe Verwandte, vielleicht auch eine verlässliche Kollegin. »Was wundert dich immer wieder an mir?« könnten Sie zum Beispiel fragen. Oder: »Mach ich manchmal Sachen, die du richtig komisch findest?« Sie können auch ganz strategisch vorgehen, indem Sie erst mal selbst nachdenken und dann darüber mit Freunden sprechen.

Im Prinzip ist dieses Vorgehen nichts anderes als die Erstellung eines Stärken-Schwächen-Profils und der Abgleich des Selbstbildes mit dem Fremdbild – das heißt: Sie vergleichen, ob es Unterschiede gibt zwischen dem Bild, das Sie von sich selbst haben, und dem Bild, das andere von Ihnen haben.

Dies ist eine wunderbare Gelegenheit, das Wissen über sich selbst zu vervollständigen. Sie können anhand dieses Profils feststellen, wie Sie auf andere wirken. Je geringer die Abweichungen zwischen Ihren eigenen Einschätzungen und denen Ihrer Freunde ausfallen, desto authentischer ist Ihre Ausstrahlung.

HOW TO GO LIGHTLY

Beginnen Sie zunächst für sich allein. Nehmen Sie sich etwas Papier und ein wenig Zeit:

1. Schildern auf einem Blatt, wie Sie sich sehen, welche Eigenschaften Sie an sich erkennen.
2. Notieren Sie auf einem zweiten Blatt Ihre Stärken: Was können Sie besonders gut, was schätzen Sie sehr an sich?
3. Nehmen Sie ein drittes Blatt und halten Sie hierauf Ihre Schwächen fest: Was können Sie nicht so gut, was mögen Sie nicht besonders an sich?

Treten Sie nun an Ihre Vertrauten heran, und bitten Sie diese um ein ähnliches Vorgehen:

1. ein Blatt mit einer Beschreibung Ihrer Person
2. ein Blatt mit Ihren Stärken
3. ein Blatt mit Ihren Schwächen

Wenn Sie ganz akribisch vorgehen möchten, können Sie auch zwischen Beruf und Freizeit trennen. Der Vergleich dieser beiden Bereiche untereinander kann manchmal äußerst überraschende und erhellende Ergebnisse liefern.

Im beruflichen Kontext wird dieses Vorgehen sehr häufig gewählt. Es gibt viele Berater und Coaches, die helfen, sich selbst besser kennen zu lernen und sich künftig im Beruf besser zu positionieren. Diese Berater oder Coaches begleiten ihre Kunden durch den Tag und erkennen auf diese Weise Talente oder Tendenzen, die ihren Klienten bislang nicht bewusst waren. So können Stärken gezielt aufgebaut und Schwächen bewusst gemindert werden.

Einen solchen Berater zu engagieren, ist nicht ganz billig. Aber wir haben ja unsere Freunde und unsere Vertrauten, die uns helfen können, uns selbst besser auszuloten. Einen Aspekt der professionellen Beratertätigkeit sollten Sie aber auch für Ihre Freunde übernehmen: Trainer und Coaches werden per Honorar vergütet. Machen Sie es bei Ihren ehrenamtlichen Beratern ähnlich: Bedanken Sie sich, laden Sie sie zum Essen ein, revanchieren Sie sich mit einer Gefälligkeit – es muss nicht unbedingt Geld sein, und Ihnen oder Ihren Freunden wird schon etwas einfallen, wie alle Beteiligten zufrieden sind.

Vielleicht ist es Ihnen unangenehm, auf andere zuzugehen und sie nach Ihren Stärken und Schwächen zu fragen. Schieben Sie in diesem Fall berufliche Gründe vor. Erklären Sie, dass Sie überlegen, sich beruflich zu verändern und darum eine Analyse Ihrer Persönlichkeitsaspekte machen möchten. Das wird jeder verstehen und akzeptieren.

Zwischen dem, was Sie über sich denken, und dem, was andere in Ihnen erkennen, werden immer leichte Diskrepanzen herrschen. Unser Selbstbild kann niemals deckungsgleich mit einem Fremdbild sein. Zum einen sind Sie 24 Stunden am Tag mit sich selbst zusammen – Sie kennen sich also in den unterschiedlichsten Situationen. Arbeitskolleginnen dagegen erleben Sie oft nur während der Arbeitszeit, Freundinnen beinah ausschließlich in Ihrer Freizeit. Das heißt nun nicht, dass andere nur ein Teilbild von Ihnen haben, kann aber bedeuten, dass nicht alle Ihre Facetten in ihrer ganzen Pracht bekannt sind.

Außerdem sind da die blinden Flecken, die wir nicht entdecken können, unsere Umwelt aber problemlos erkennt – und schließlich gibt es auch noch die Persönlichkeit des Menschen, der Sie wahrnimmt. Bedenken Sie, dass andere uns stets durch ihre eigene Brille betrachten: Ist eine Ihrer Vertrauten sehr harmoniebedürftig, dann wird sie Ihnen sagen, dass Ihre Tendenz zum offenen Wort eher einschüchternd ist – während eine andere Freundin, die sich stets geradeheraus und unverblümt äußert, bemängelt, dass Sie nie deutlich sagen, was Sie denn nun wirklich denken. Sie sehen – es ist alles eine Frage der Perspektive.

Begeben wir uns nun auf die Suche nach Ihrem blinden Fleck, indem wir die Rückmeldungen, die Sie erhalten haben, auswerten.

Variante 1: Andere entdecken in Ihnen Stärken, die für Sie eher Schwächen sind

Herzlichen Glückwunsch – offenbar steckt in Ihnen weit mehr Potenzial, als Sie geahnt haben! Stehen Sie zu sich und Ihren Fähigkeiten!

Dass wir das, was andere als Stärke in uns sehen, für das Gegenteil, nämlich für eine Schwäche halten, kommt recht häufig vor. In unserer leistungsorientierten Welt, insbesondere im Berufsalltag erleben wir es immer wieder, dass sogenannte »weiche« Faktoren beim Chef oder bei der Kostenstelle offenbar gar nicht gefragt sind. Das heißt noch lange nicht, dass es sich hierbei um Schwächen handelt – und im Grunde schätzt Ihr Chef dieses Verhalten trotzdem an Ihnen: Denn Ihre Kollegen, Ihre Kunden oder auch die Lieferanten arbeiten alle gern mit Ihnen zusammen, gerade weil Sie:

- Gefühle zeigen – also deutlich machen, dass Sie sich über etwas freuen oder aber enttäuscht sind,
- Anteil nehmen – also nicht nur die Arbeitskraft im anderen sehen, sondern den Menschen erkennen,
- zuhören können – und wirklich verstehen, warum eine Beschwerde angebracht ist und wie der Mangel behoben werden kann,
- vermittelnd wirken – ohne Sie wäre der Umgangston in dieser Abteilung wesentlich schlechter,
- sich nicht immer vordrängen müssen – sondern die Fähigkeiten und Kenntnisse von anderen zu würdigen wissen,
- sich selbst nie überschätzen – und somit ein Mensch sind, der wirklich zuverlässig ist,
- und wegen all dieser Eigenschaften ausgesprochen teamfähig sind.

Auch innerhalb des Familienlebens können Verhaltensweisen ganz unterschiedlich wahrgenommen werden. Während Sie bei sich die Schwächen »Nachsichtigkeit« und »Unordnung« konstatieren, schwärmen Partner und Kinder liebevoll von Ihrer Güte und Wärme. Und ist es nicht seelenerhebend, wenn die Freunde Ihrer Kinder beteuern: »Wir kommen so gern zu euch, denn bei euch ist es immer so lässig und entspannt.«

Was eine Schwäche im Berufsleben ist, kann ein großer Pluspunkt im Privatleben sein – ebenso funktioniert es natürlich auch umgekehrt: Was Sie in Ihrem Familienleben als Mangel oder Fehler ansehen, kann Ihnen im Beruf durchaus förderlich sein. Sie sehen: Es ist wiederum eine Frage der Perspektive – wie das berühmte Glas, das entweder halb voll oder halb leer sein kann.

Manche vermeintliche Schwäche trägt sogar ein Geschenk in sich, ohne das uns dies bewusst ist. Einer Freundin, die sich ständig mit dem Auto verfuhr und deswegen schwere Minderwertigkeitskomplexe aufbaute, erklärte ein kluger Mensch: »Umwege erhöhen die Ortskenntnis!« Sie atmete erleichtert auf, lachte befreit und begann, auf diese Fähigkeit einen gewissen Stolz zu entwickeln.

Ebenso verhält es sich mit angeblichen Schwächen wie »Gefühlsduselei«, »nachtragend sein«, »Unordnung« oder »Streitsucht«. Wenn man sie von einer anderen Warte aus betrachtet, sind sie rundum positiv:

- Ich bin nicht »gefühlsduselig«, sondern zeige meine Gefühle und stehe dazu. Durch meine Offenheit ermögliche ich Nähe. Meine Befindlichkeit wird wahrgenommen und berücksichtigt – und zwar genauso, wie sie gerade ist. Man weiß genau, woran man bei mir ist. Das erleichtert mir und meinen Mitmenschen den Umgang miteinander und öffnet Herzen.
- Ich bin zwar nachtragend – aber das auch bei positiven Dingen. Wenn mir jemand etwas Gutes getan hat, dann vergesse ich ihm das nicht mehr.
- Es mag sein, dass mein spezielles Ordnungssystem anderen unverständlich ist. Mir bleibt auf diese Weise jedoch genügend Raum für Kreativität und mehr Zeit für Dinge, die mir wirklich wichtig sind. Und wenn es einmal zu unordentlich ist, dann räume ich eben auf – bis zum nächsten Mal.
- Wie gut, dass ich streiten kann! Viele Menschen sind dazu gar nicht in der Lage. Sie vertreten ihre Meinung nicht vor anderen oder schlucken ihren Ärger hinunter. Da habe ich einen deutlichen Vorteil. Und was die Form betrifft – okay, daran ließe sich arbeiten.

Betrachten Sie Ihre vermeintlichen Schwächen liebevoll. Suchen Sie das Geschenk, das in ihnen verborgen ist.

Sie haben bestimmt ein paar neue Stärken bei sich entdecken können. Vielleicht gibt es ja auch bald eine Chance, diese in Beruf oder Privatleben bewusster ausleben zu können. Seien Sie ruhig ein wenig stolz auf sich – Sie haben es sich verdient!

Variante 2: Andere sehen Eigenschaften als Schwächen, die Sie als persönliche Stärken verbucht haben

Auch das kommt vor: Eine Eigenschaft oder eine Fähigkeit, in der Sie einen Ihrer Pluspunkte erkennen, stößt anderen auf. Das ist ganz normal und kann die unterschiedlichsten Gründe haben.

Zunächst ist es wichtig herauszufinden, ob tatsächlich alle vom gleichen Verhalten sprechen. Ist also der von Ihnen erfreut erkannte »Ehrgeiz« wirklich gleichbedeutend mit dem »geht über Leichen«, das Ihre Kollegin anspricht? Und meint Ihre Freundin mit der kritischen Anmerkung »äußert nur selten die eigene Meinung« tatsächlich dasselbe, wenn Sie sich als »gute Zuhörerin« beschreiben?

Oft verbirgt sich hinter einer Abweichung zwischen Selbst- und Fremdbild ein Kommunikationsmangel. Denn entweder herrschen unterschiedliche Meinungen darüber, was unter der jeweiligen Stärke oder Schwäche verstanden wird. Oder aber es ist Ihnen bislang noch nicht gelungen, Ihre persönlichen Stärken anderen verständlich darzulegen oder offen zu präsentieren. Nur Mut!

Manchmal treffen Sie allerdings auch bei Ihren Beraterinnen einen wunden Punkt. Wir hatten es oben schon angesprochen: Es kann sein, dass Ihre Freundin Probleme hat, die eigene Meinung offen zu äußern, deshalb sieht sie diese Fähigkeit bei Ihnen als Streitsucht und mithin als Schwäche. Andere betrachten

Sie nun einmal nicht vollkommen objektiv, sondern mit einem Blick, der von bestimmten Erfahrungen und Lebenswelten geprägt ist. Machen Sie sich klar, dass manche Äußerungen mehr über Ihre Beraterinnen verraten als über Sie.

Holen Sie sich darum die Meinung mehrerer Freunde und Vertrauter ein – und erst, wenn sich gehäuft in vergleichbaren Punkten eine deutliche Diskrepanz zwischen Fremd- und Selbstbild abzeichnet, sollten Sie beginnen, kritisch über sich nachzudenken.

Vielleicht haben Sie in gewisser Weise auf das falsche Pferd gesetzt: Bislang konzentrierten Sie sich auf bestimmte Fähigkeiten und Verhaltensweisen, weil Ihnen ein Idealbild Ihrer selbst vorschwebte, das Ihrer Persönlichkeit nicht wirklich entspricht. Vielleicht haben Sie auch Ihre tatsächlichen Stärken noch gar nicht gefunden. Dann ist dies der ideale Zeitpunkt, um sich auf die Suche zu begeben.

Überlegen Sie ganz genau, was die anderen mit jenen Schwächen gemeint haben, die Sie ganz anders bewerten würden. Vielleicht gibt es da Details, die aufzeigen, dass sie beide zwar dasselbe wahrnahmen und es aber anders beurteilen. Oder sie sprechen von einer Situation, meinen aber nicht dasselbe.

Machen Sie sich nun in einem zweiten Schritt Gedanken darüber, wie Sie Ihre (den anderen offenbar noch unbekannten) Stärken in Zukunft besser vermitteln können. Bringen Sie sich beispielsweise im Job gezielt in Projekte ein, die genau diese Stärken brauchen. Überlegen Sie auch, ob Sie in Ihr Privatleben Situationen oder Aktionen einbauen können, die Ihre Stärken schöner erglänzen lassen.

Reden Sie mit Ihren besten Freundinnen offen darüber, was Sie in Zukunft deutlicher von sich zeigen und erlebbar machen möchten. Vielleicht haben diese gute Ideen oder interessante Anregungen, wie Sie das bewerkstelligen können.

Bleibt noch das Kleingedruckte: Möglicherweise hat Ihre Umwelt mit der einen oder anderen Einschätzung doch Recht. Ja, Sie sind in Wirklichkeit gar nicht teamfähig, sondern verstecken sich einfach gern in größeren Gruppen. Und Ihr Stillschweigen bei manchen Themen ist auch kein »Zuhören«, sondern schlicht und einfach fehlender Mut zu widersprechen.

Und? Stört Sie das? Wenn ja, dann haben Sie nun die Möglichkeit, diese Bereiche neu zu gestalten. In diesen Punkten haben Sie Raum, um neue Stärken zu entfalten. Sich über Grenzen hinaus zu entwickeln, das bringt Spaß! Und die anderen werden überrascht sein, wenn Sie plötzlich anders auftreten.

Variante 3: Andere erkennen bei Ihnen Stärken und Schwächen, die Ihnen gar nicht bewusst sind

Aha. Da sind sie also: die blinden Flecken. Andere entdecken an Ihnen Seiten und Fähigkeiten, von denen Sie bislang kaum ahnten, dass Sie über sie verfügen. Doch vielleicht fühlen Sie sich auch bei dem einen oder anderen Aspekt ertappt oder müssen klammheimlich in sich hineingrinsen.

Tragen Sie Ihre frisch entdeckten Eigenschaften zusammen, notieren Sie sie vielleicht alle auf einem Blatt Papier, und nehmen Sie sie eine Weile lang in den Fokus Ihrer Aufmerksamkeit. Lernen Sie sich kennen: Achten Sie darauf, wann und in welchen Situationen diese Fähigkeiten oder Verhaltensweisen sich zeigen und in welcher Häufigkeit.

Überlegen Sie, ob Sie diese Seiten an sich mögen, ob Sie so wirken wollen. Nehmen Sie sich Zeit dafür, schließlich haben Sie diese Anteile schon lange in sich, sie machen einen Teil Ihrer Persönlichkeit aus und andere haben sich daran gewöhnt – so

»schlimm« kann es also gar nicht sein. Überstürzen Sie nichts, vielleicht werden Sie gerade wegen dieser Seiten geliebt!

So ergeht es uns mit Holly Golightly – trotz ihres Auftretens als Glamourgirl erkennen wir ihre Zerbrechlichkeit, wir fühlen die Unschuld, die sie sich bewahrt hat, und teilen ihre Sehnsucht nach Geborgenheit und Liebe. Das rührt uns an, und deswegen lieben wir diesen Film – und nicht wegen der wilden Partys.

Wir haben es oben schon gesagt: Nur wenn wir alle unsere Seiten kennen und akzeptieren, können wir wirklich glücklich werden. Es ist also höchste Zeit, dem Kater einen Namen zu geben.

Nicht immer können oder wollen wir andere Menschen fragen, was sie über uns denken oder was sie in uns sehen. Dennoch gibt es eine Möglichkeit, Dinge über uns selbst herauszufinden, die wir uns nicht eingestehen mögen. Wahrscheinlich kennen Sie das: Etwas an einem Menschen ärgert Sie ganz gewaltig – so sehr, dass Sie vor Wut die Wände hochgehen könnten. Sie merken selbst, dass dieses Verhalten nicht ganz rational ist. Dafür gibt es eine Erklärung: Es ist gut möglich, dass Sie Anteile des Verhaltens, das Sie so auf die Palme bringt, in sich selbst tragen. Sie reagieren mit Ihrer Wut im Prinzip auf Ihre eigene Person: Unbewusst sind Sie ärgerlich auf sich. Sie haben etwas im anderen erkannt, das Teil Ihrer selbst ist.

Das funktioniert ebenso auf positive Weise: Auch wenn wir einen Menschen bewundern, dann entdecken wir etwas in ihm, das ebenfalls in uns selbst angelegt ist. Wir haben im Kapitel über Vorbilder bereits darüber gesprochen.

Unbewusste Anteile in uns sind – wie die Bezeichnung schon sagt – unbewusst. Wir sehen sie nicht, doch sie machen auf sich aufmerksam: über unsere Gefühle.

Am Ende des Films nimmt Holly Golightly ihren Kater in den Arm, sie küsst und krault ihn und drückt ihn an sich. Machen

Sie es genauso: Lieben Sie Ihre Schwächen, bekennen Sie sich zu unerfüllten Sehnsüchten. Unsere kleinen Macken und Eigenheiten machen uns menschlich und liebenswert. Streicheln Sie das struppige Fell Ihres inneren Katers – nach und nach wird es sich glätten und beginnen zu glänzen.

»Wenn ich irgendwo ein Fleckchen finde, wo ich dasselbe Gefühl habe wie bei Tiffany ...«

oder: Innere Freiräume entdecken

Für Holly Golightly heißt das große Glück Tiffany. Hier fühlt sie sich geborgen und sicher, hier geht sie hin, wenn sie unglücklich ist, denn hier »kann einem gar nichts Schlimmes passieren«. Bei Tiffany wird man respektvoll behandelt, selbst wenn man nur wenige Münzen in der Tasche hat, das gefällt Holly. Für sie steht fest: Wenn sie einen Ort gefunden hat, an dem sie sich so wohl fühlt wie bei Tiffany, dann ist sie zu Hause. Dann und erst dann wird sie Möbel kaufen und ihrem Kater einen Namen geben.

Erinnern Sie sich, wie Hollys Appartement im Film aussieht? Vermutlich liegt es in einer guten Wohngegend und könnte eigentlich ganz gemütlich sein. Ist es aber nicht. Als Paul das erste Mal Hollys Wohnung betritt, fragt er, ob sie auch gerade erst eingezogen sei. Nein, erklärt Holly, schon seit über einem Jahr lebe sie hier. Dafür sieht das Appartement reichlich unbenutzt aus: Hier steht ein Bett, da ein leeres Regal, es gibt ein Sofa, eine kahle Küchenecke – Kuscheligkeit fühlt sich anders an. Die Wohnung wirkt, als käme Holly nur zum Schlafen nach Hause.

Diesem Appartement scheint alles zu fehlen, was für uns ein wirkliches Zuhause und ein tatsächliches Leben ausmacht. Alles mutet improvisiert an, als könne Holly im nächsten Moment ohne den Hauch eines Bedauerns ausziehen. Und so ist es ja auch: Sie ist stets auf dem Sprung. Deshalb wirkt sie frei.

»Was mir an Holly so gefällt, ist ihre Unabhängigkeit. Sie macht was sie will«, antwortet zum Beispiel Sophia auf die Frage, was sie an dieser Figur besonders schätzt.

Aber ist Holly tatsächlich frei und unabhängig? Im vorangegangenen Kapitel haben wir schon festgestellt: Mit dem Glücklichsein ist das so eine Sache bei Miss Golightly. Wie steht es nun also um ihre Unabhängigkeit?

Die Figur Holly Golightly ist gespalten. Einerseits ist sie das muntere Playgirl mit dem Rehblick – und andererseits das ängstliche Mädchen, das einen Versorger sucht. Klingt das nach Selbstbestimmung? Das Mädchen Holly ist in der Romanvorlage sehr jung, keine 20 Jahre alt. Im Film wirkt sie alterslos, doch gewiss noch nicht älter als Anfang zwanzig.

Heutzutage ist dies das Alter, in dem man eine Ausbildung oder ein Studium absolviert oder bereits einem Beruf nachgeht. Bei Holly ist davon nicht die Rede. Sie hatte wohl einmal Ambitionen, Schauspielerin zu werden – deshalb verfügt sie über ihren ehemaligen Agenten –, doch als das erste Angebot kam, war sie nicht mehr daran interessiert. Während wir ihr zusehen, besteht ihr Lebenssinn darin, einen reichen Mann zu finden.

Das ist natürlich zum Teil der Entstehungszeit von Erzählung und Film geschuldet. Ende der 50er, Anfang der 60er Jahre war die Berufstätigkeit von Frauen bei weitem nicht so selbstverständlich wie heute. Die wenigsten jungen Frauen wohnten damals allein – wer nicht verheiratet war, logierte bei den Eltern, notfalls bei Verwandten. Unverheiratet und ohne Mann zu leben, das hatte damals etwas eindeutig Anrüchiges.

Um so etwas müssen wir uns heute zum Glück nur wenige Gedanken machen. Wir können selbstbestimmt als Frau leben, einen Beruf ergreifen, allein wohnen oder gemeinsam mit einem Partner, mit Freundinnen oder mit Freunden, mit Kindern oder ohne, verheiratet, geschieden oder ledig. Seit den 60er Jahren hat sich eine Menge getan, sodass wir heute viele Bereiche unseres Lebens wesentlich freier gestalten können.

Die Frage ist, ob wir das auch tun.

Frühstück bei Tiffany hat ein wundervolles Happy End – schließlich ist es ein Hollywoodfilm: Holly erkennt den Wert der wahren Liebe und entscheidet sich für Paul. Wenn wir von diesem Ende angerührt werden, muss dies nun nicht bedeuten, dass wir nur in den Armen eines geliebten Mannes glücklich werden. Unser Tiffany kann anders aussehen.

Denn aus heutiger Sicht lässt sich das Ende auch folgendermaßen verstehen: Holly erkennt, was sie wirklich glücklich macht und entscheidet sich dafür, ihren Traum Wirklichkeit werden zu lassen. Bis dahin lief sie der Idee hinterher, dass sie unbedingt einen reichen Mann brauche. Ihr Alltag war also damit gefüllt, auf Männerfang zu gehen. Holly war der Köder, der Millionär der Fisch. Da fragt man sich doch, wer die Angel hält – Holly ganz gewiss nicht. Sie wurde getrieben von ihren inneren Vorstellungen. Frei und selbstbestimmt hört sich das nicht an.

Erinnern Sie sich an die Sequenz im Film, kurz bevor Holly verhaftet wird? Paul besucht sie, nachdem er sie längere Zeit nicht gesehen hat. Er trifft eine (fast) völlig veränderte Holly an: Ihre Wohnung ist mit Möbeln und Bildern ausstaffiert, sie hat gekocht, und während sie sich unterhalten, sitzt Holly in einem Sessel und strickt. Am nächsten Tag will sie zu ihrem brasilianischen Verehrer nach Rio fliegen.

Was für eine Veränderung ist mit ihr vorgegangen! Man könnte meinen, sie hat ihr Ziel erreicht und endlich das Glück gefunden – doch diese Illusion hält nur wenige Minuten: Es ist undefinierbar, was Holly eigentlich strickt – sie selbst behauptet, es könnte auch der Bauplan ihres zukünftigen Gutshauses sein –, der Topf mit dem Essen explodiert, und der Kater hat auch noch keinen Namen. Die Holly dieser Szene wirkt gedrückt, sie hat ihre Quirligkeit verloren, ihre sprühende Unbekümmert.

Sie scheint für ihren Galan eine Rolle zu spielen. Damit diesem ihre Nachlässigkeit nicht auffällt, hat sie sich 26 Haustürschlüssel machen lassen. Und im Gespräch mit Paul verrät sie, dass sie diesen Mann nicht liebt: »Wenn ich unter allen Männern der Welt wählen könnte, nähme ich niemals José.« Heiraten wird er sie wohl auch nicht – aus Rücksicht auf seine Familie. Hat Holly wirklich ihr Ziel erreicht? Zufrieden wirkt sie nicht.

Erst als sie sich ihre tatsächlichen Sehnsüchte und Träume eingesteht, als sie sich für Paul und die Geborgenheit entscheidet, erst da erlangt sie die innere Freiheit, sich wirkliches Glück zuzugestehen.

Und mit diesem Ende können auch wir uns identifizieren: Unser heutiges Tiffany ist der Ort, an dem wir tatsächlich glücklich sind – und Glück heißt, Träume zu leben und Sehnsüchte zu stillen.

Selbstbestimmung – weder Flucht noch Einsamkeit

Selbstbestimmung ist der Schlüssel zur Zufriedenheit, doch was bedeutet es, selbstbestimmt zu leben? Manche Menschen verwechseln Autonomie mit Autarkie. Sie glauben, wenn sie ganz allein leben und in keiner Beziehung auf jemanden angewiesen sind, dann sind sie unabhängig. Doch diese Menschen sitzen einem Trugschluss auf: Sie sind nicht frei, im Gegenteil: Sie sind ängstlich.

Wir Menschen sind nicht für die Einsamkeit gemacht. Ohne soziale Bindungen, ohne Nähe und Wärme verkümmern wir innerlich. Wer nur oberflächliche Beziehungen zu seinen Mitmenschen pflegt, spürt eines Tages die innere Leere, die das hinterlässt.

Jeder Mensch muss in seinem Leben Beziehungen und Bindungen eingehen. Als Kinder sind wir lebensnotwendig angewiesen auf die Unterstützung unserer Eltern, und auch im Erwachsenenleben brauchen wir die Kontakte mit anderen – und sei es nur, um in einem Beruf das nötige Geld für unseren Lebensunterhalt zu verdienen. Wir kommen um Bindungen zu anderen nicht herum – die Kunst ist, dabei die Eigenständigkeit nicht aufzugeben. Und das ist keine Frage des Einkommens oder der Ausbildung, sondern einfach eine Frage der inneren Sicherheit.

Selbstbestimmung meint, über sich selbst bestimmen zu können – und zwar auf verschiedenen Ebenen. Dies kann sich beziehen auf:

- den finanziellen Bereich,
- die geistige Eigenständigkeit,
- die familiäre Sphäre,
- die emotionale Selbstbestimmung,
- die berufliche Verwirklichung.

Selbstbestimmung im finanziellen Bereich meint, dass Sie über eigenes Geld verfügen, um sich die Dinge zu kaufen, die Sie brauchen. Es bedeutet nicht, dass Sie unbedingt berufstätig sein müssen – es kann gute Gründe geben, warum dies nicht möglich ist. Vielleicht sind Sie Mutter eines oder gar mehrerer kleiner Kinder. Wichtig ist nur, dass Sie nicht für jede persönliche

Anschaffung Ihren Lebenspartner um Geld bitten müssen. Wie auch immer Sie sich untereinander geeinigt haben – Sie sollten über einen eigenen Finanzrahmen verfügen.

Wenn Sie geistig eigenständig sind, bedeutet das, dass Sie sich Ihre eigenen Gedanken machen und die Ideen anderer kritisch hinterfragen. Sie stehen zu Ihrer Meinung und können sie auch gegen Widerstände behaupten. Bei stichhaltigen Gegenargumenten verfügen Sie über die innere Sicherheit, zu überlegen, ob der andere nicht auch Recht haben könnte.

Selbstbestimmung im familiären Bereich kann zum Beispiel ein eigener Raum bedeuten, auch wenn man Mutter ist und mit Mann und Kindern lebt. Viele Frauen unterschätzen, wie wichtig es in einer Wohnung ist, einen Raum, oder wenigstens einen Platz, ein Regal, einen Schrank für sich zu haben. Wohin ziehen Sie sich zurück, wenn Sie die Stille mit sich selbst genießen wollen? Selbstbestimmung und Selbstbewusstsein beginnt mit inneren und äußeren Grenzen.

Emotionale Eigenständigkeit bedeutet, Sie bestimmen, was Sie für welchen Menschen wie stark empfinden: Sie erlauben es sich, andere zu lieben – und Sie können auch zu Ihren Abneigungen stehen. Es gibt keinen Menschen, der Sie auf der Gefühlsebene erpressen kann, weil Sie Ihre Bindungen selbstbewusst und selbstbestimmt eingehen – und auch wieder lösen, wenn es nicht anders geht.

Wenn Sie beruflich selbstbestimmt leben möchten, heißt das nicht, dass Sie sich auf jeden Fall selbstständig machen müssen und ein eigenes Unternehmen zu führen haben. Berufliche Eigenständigkeit bedeutet, dass Sie frei entscheiden können, welchen Beruf Sie ergreifen wollen. Wie ist es aktuell für Sie? Arbeiten Sie noch gern in Ihrem Bereich? Oder möchten Sie sich beruflich verändern?

HOW TO GO LIGHTLY

Wenn Sie Ihr Leben betrachten, werden Sie feststellen, dass manche Bereiche Ihnen wichtiger sind als andere. Bei diesen legen Sie mehr Gewicht auf Eigenständigkeit; andere Themen wiederum haben keine so große Bedeutung für Sie, hier wollen Sie nicht alle Zügel selbst in der Hand halten.

Wie sieht es in Ihrem Leben aus? Überlegen Sie:

- In welchen Bereichen sind Sie selbstbestimmt? Sind Sie zufrieden damit?
- Welche Bereiche können so bleiben, wie sie sind?
- In welchen Bereichen wünschen Sie sich mehr Freiräume?

Nur wer in zentralen Fragen seines Lebens selbstbestimmt ist, kann zufrieden werden, denn nur so können wir unsere Träume verwirklichen und eins mit uns werden. Wir sehen es an Holly: Es bringt nichts, sich zu verbiegen und eine Rolle zu spielen – der Topf mit dem Essen explodiert schließlich doch, wenn das nicht unsere Welt ist.

Wenn Sie zu den aufmerksamen Fans von *Frühstück bei Tiffany* gehören, dann werden Sie seit geraumer Zeit ungeduldig mit den Fingern getrommelt haben und jetzt Ihren Trumpf ausspielen: Nein, sooo abhängig ist Holly gar nicht. Schließlich hat sie ihren Mann verlassen, um unter einem neuen Namen in

New York bei null anzufangen. Das klingt doch nach Freiheit und Unabhängigkeit – oder etwa nicht?

Schauen wir etwas genauer hin: Was erzählt Doc Golightly, der verlassene Ehemann? Er hat Holly – die damals noch Lulamae Barnes hieß – und ihren Bruder Fred beim Stehlen im Stall erwischt und die beiden Waisenkinder bei sich aufgenommen. Lulamae war knappe 14 Jahre alt, als sie den mehrfachen Familienvater heiratete.

Aus dieser Situation flüchtete sie eines Tages. Schuld daran, so vermutet der Doc, sind »diese Illustrierten«, die sie jede Minute las. Diese weckten Lulamaes Träume und brachten sie dazu, aus der Langeweile des Provinznestes auszubrechen.

Klingt das nach einem Abschied, um von nun an auf eigenen Füßen zu stehen? Hört sich das für Sie nach einem Aufbruch in die Selbstverantwortung an? Nein, Lulamae flüchtet aus einer Abhängigkeit, wechselt ihren Namen – und landet in der nächsten Abhängigkeit: von Männern mit Geld.

Selbstbestimmt ist sie nicht. Deutlich wird dies zum Beispiel gegen Ende des Films, als Holly sich fragt, wer sie denn eigentlich ist – Lulamae sei sie nicht mehr und Holly auch nicht. Sie hat ihre Identität verloren, weil sie im Prinzip bislang noch gar keine besaß.

Selbstbestimmung hat etwas mit Sicherheit zu tun – nämlich mit Selbstsicherheit.

Manchen Menschen wird bei dem Gedanken an Selbstbestimmung mulmig, weil sie die Idee falsch verstehen. »Ich bin doch gern mit anderen Menschen zusammen«, grübelt Julia stellvertretend. »Muss ich das jetzt sein lassen?« Nein, überhaupt nicht! Wenn wir wissen, wer wir sind und was wir wollen, können wir die innere Freiheit finden, das auch zu erreichen. Wir können auf diese Weise selbstbestimmt leben, obwohl wir einen Job, eine Familie oder einen Mann haben.

Es kommt sogar noch etwas hinzu: Wir fühlen uns nicht nur mit anderen wohl, sondern auch mit uns selbst. Wer in sich ruht, genießt es, von Zeit zu Zeit allein zu sein. So paradox es im ersten Moment klingen mag: Wer gern mit sich allein ist, zieht andere Menschen an.

Ähnlich wie das Nein der Partner das Ja ist, ist das Alleinseinkönnen die notwendige Ergänzung, um sich der Gesellschaft anderer zu erfreuen. Wer Dinge nur für sich unternimmt und dabei zufrieden und glücklich ist, hat eine wichtige innere Freiheit gewonnen: Er kann etwas allein tun – er muss es aber nicht. Wenn ihm der Sinn nach Begleitung steht, dann kann er sich dafür entscheiden.

Anders verhält es sich, wenn ein Mensch davor zurückscheut, für sich zu sein. Denn auf diese Weise macht er sich abhängig von der Gegenwart anderer. Wer zum Beispiel nicht gern allein in die Stadt zum Shoppen geht, wird stets eine Begleitung zum Bummeln suchen – dabei steht aber nicht im Vordergrund, dass dieser Mensch die Anwesenheit der anderen Person genießt, sondern es geht darum, dass *irgendjemand* da ist – womöglich sogar jemand, den man gar nicht mag, nur um nicht allein zu sein.

Das merken natürlich auch diejenigen, die als Begleitung erwählt werden. Wenn wir nur als Lückenfüller dienen sollen, dann fühlen wir uns benutzt. Kommt hingegen ein Mensch gut mit sich alleine klar, dann wissen wir, dass es ihm um unsere – und zwar genau unsere – Person geht, wenn er sich zu uns gesellt.

Selbstbestimmung heißt, Erneuerung zu begrüßen

In der Pubertät streben wir danach, uns von unseren Eltern zu lösen, wir wollen ein ganz anderes Leben führen – viel freier, viel lebendiger. Wir suchen nach Wegen, unsere eigene Persönlichkeit zu entwickeln. Doch wir wissen in diesem Lebensalter meist noch nicht, wohin wir uns verändern wollen, wir sind uns nur sicher, was wir hinter uns lassen möchten. Wir schließen uns anderen Jugendlichen an, suchen uns eine Peergroup, wie es in der Soziologie heißt, und wählen uns neue Vorbilder.

Treten wir dann ins Berufsleben ein, sind es unsere Kolleginnen und Kollegen, an denen wir uns orientieren, nun bilden sie unsere Bezugsgruppe. Auch hier finden wir Menschen und Möglichkeiten, mit denen wir uns identifizieren. Wir probieren Rollen und Lebenswege aus.

Identitätsfindung ist ein langer, langsamer Prozess. Er ist nie vollständig abgeschlossen – und das ist auch gut so. Solange wir jung sind, suchen wir uns Gruppen, denen wir uns anschließen können, um ein neues Lebensgefühl zu erproben. Diese Gruppen sind wichtig, denn sie geben uns einen Anker, einen festen Kern im Leben. Und das ist von entscheidender Bedeutung. Wir brauchen diesen stabilen inneren Kreis, um einen Bezugspunkt im Leben zu haben. Ohne ihn fühlen wir uns verloren und orientierungslos. An seinen Rändern können wir experimentieren und Neues ausloten, doch wir brauchen auch einen sicheren Rückzugsraum.

Je reifer wir werden und je gefestigter unsere Persönlichkeit ist, umso mehr finden wir diesen Anker in uns selbst. Nun können wir uns selbst als Vorbild dienen. Und das heißt: Wir können uns selbstbestimmt bewegen. Wir sind nicht mehr darauf angewiesen, uns Erneuerungen von unserer Bezugsgruppe absegnen zu lassen.

Bewegung verursacht zuweilen ängstliche Gefühle

Viele Menschen sehnen sich nach mehr Bewegung in ihrem Leben. Alles scheint ihnen so vorgeplant und langweilig berechenbar, dass sie sich wünschen, etwas würde passieren. Doch geraten Dinge dann tatsächlich in Bewegung, reagieren die meisten zögerlich.

In Windeseile haben sie gleich eine ganze Liste parat, warum es gerade jetzt ungünstig ist, etwas zu verändern:

- Der Partner würde irritiert reagieren.
- Die Kinder könnten darunter leiden.
- Der Job könnte dadurch wackeln.
- Die Zeit ist einfach zu knapp.
- Die organisatorischen Hürden sind zu groß.

Fazit: Im Augenblick wäre es der reine Wahnsinn, sich auf so etwas einzulassen.

Veränderungen machen Angst. Denn durch sie wird Gewohntes und Vertrautes fremd, geradezu zu einem unerforschten Land: Darin kann es Ungeheuer geben, wilde Tiere, unbekannte Gefahren – aber auch wundervolle Blumen, paradiesisch schmeckende Früchte, unglaublich freundliche Menschen. Wir wissen es nicht. Alles ist möglich.

So gern man eigentlich Bewegung im Leben hätte: Wenn sie ansteht, ist man sich nicht mehr ganz so sicher, ob man das wirklich möchte. Diese Erfahrung machen zum Beispiel Menschen, die auswandern wollen. Über Monate, manchmal Jahre bereiten sie sich vor, lernen die neue Sprache, machen sich mit nationalen Gewohnheiten und Gebräuchen vertraut, studieren Landkarten und Bücher. Sie freuen sich auf das Neue, auf die lockenden Verheißungen. Doch steht dann der Möbelwagen vor der Tür, ist es gar nicht so leicht zu gehen. Denn sie lassen

Gewohntes und Vertrautes zurück, auch von Liebgewonnenem müssen sie sich verabschieden. Was sie hinter sich lassen, das wissen sie ganz genau. Was sie erwartet – das ist im wahrsten Sinne des Wortes Neuland.

Nicht nur so umfassende Umwälzungen machen uns ein mulmiges Gefühl. Es fängt schon bei Kleinigkeiten an. Männer mögen Veränderungen übrigens noch weniger als Frauen. Auch wenn wir vom Verstand her wissen, dass eine bestimmte Neuorientierung notwendig ist, dass es gar kein Umhin gibt – vom Gefühl her scheuen wir oft davor zurück. Wir schieben Veränderungen auf, verdrängen die Gedanken an sie. Deshalb gibt es so viele Seminare und eine so ausgedehnte Ratgeberliteratur. Zahllose Trainer und Coaches wollen uns dazu ermutigen, innere und äußere Ressourcen freizusetzen, um die längst fällige Neusortierung des Lebens anzugehen.

Dass wir etwas verändern müssen, merken wir daran, dass uns etwas stört, dass wir uns in einer Situation nicht wohl fühlen – in gewisser Weise spüren wir einen Leidensdruck. Der Verstand sagt: »Gut, ändern wir das, damit es uns wieder besser geht.« Doch etwas in uns rebelliert: »Nicht jetzt, nicht so schnell, lieber noch einmal nachdenken, vielleicht geht es ja doch noch eine Weile so ...« Selbst wenn die Veränderung einen Gewinn verspricht – wir also wieder angenehmer und entspannter leben könnten –, bleiben wir zögerlich: Der Erfolg ist tatsächlich nur ein Versprechen, keine Garantie. Wir wissen am Anfang nicht, was uns am Ende erwartet.

Es ist wie beim Auswandern: Wenn wir etwas verändern wollen – ein Verhalten, eine Situation –, dann müssen wir das Vertraute verlassen und Neuland betreten – und das bedeutet: neue Verhaltensweisen einüben und diese oftmals gegen das Gewohnte durchsetzen. Das ist nun einmal unbequem. Wenn wir Italienisch lernen wollen, dann müssen wir Vokabeln büffeln, statt mit einem Roman auf dem Sofa zu entspannen. Steht ein Umzug an, heißt es, Schränke auszumisten und Kisten zu packen. Möchten Sie selbstbewusster werden, müssen Sie genau in den Situationen bestimmter auftreten, in denen Sie früher zurückhaltend waren.

Ja, Veränderungen machen Mühe, und sie machen Angst. Kein Wunder also, dass wir um Anstrengungen dieser Art, die uns gleichzeitig verunsichern, lieber erst einmal herumschleichen – und tief im Herzen hoffen, dass sich vielleicht doch etwas von selbst ändert.

Doch mit diesem *Etwas* hat es so seine Tücken. Sicherlich wird sich eines Tages *etwas* ändern – aber das muss noch lange nicht heißen, dass die Dinge sich so entwickeln, wie wir es uns wünschen. Womöglich wird es sogar noch schlimmer und unangenehmer, wenn sich *etwas* ändert.

Wenn wir aber die Änderung aktiv in die Hand nehmen, dann bestimmen wir den Kurs der Entwicklung und können das erreichen, was wir uns wünschen.

In welche Richtung soll es gehen?

Damit sich nicht einfach *etwas* ändert, sondern wir die Zügel selbstbestimmt in der Hand behalten, müssen wir natürlich wissen, was wir verändern möchten und was wir damit erreichen wollen.

Unsere Freundin Barbara – Sie erinnern sich, die schüchterne Grafikerin – wünschte sich, auf dumme Sprüche von ihren Kollegen schlagfertiger reagieren zu können. Oft fiel ihr die passende Antwort erst Stunden später zu Hause kurz vor dem Schlafengehen ein. Das reizte sie im Nachhinein immer sehr. Sie

How To Go Lightly

Wenn ein gute Fee zu Ihnen käme und Ihnen einen Veränderungswunsch gestattete, wie würde dieser Wunsch lauten? Schreiben Sie diesen Wunsch auf und wählen Sie ein Symbol, das Sie an diesen Wunsch erinnert. Symbole sind anonym. Nur Sie wissen, welcher Wunsch und welche Gedanken sich hinter einer Postkarte, einem Stern oder einem Herz verstecken. Die Postkarte aus Frankreich zum Beispiel ist weniger ein Gruß, sondern vielmehr eine Erinnerung daran, die Lebenslust nicht zu vergessen. Ein Bild von Tiffany – ja, ein klasse Film, aber Sie verbinden damit jetzt vielleicht noch mehr. Das Schneckenhaus auf Ihrem Schreibtisch ist ein Symbol dafür, mehr Selbstbewusstsein und Merk-Würdigkeit ja nicht zu vergessen. Für Ihre Familie sind dies alles nur Gegenstände. Für Sie stecken Geschichten, Träume und Ziele darin. Auch ein Parfum kann Symbolcharakter haben. Sie riechen dann diesen Duft und er erinnert Sie daran, dass es noch einen Wunsch gibt, den Sie sich ermöglichen möchten.

ärgerte sich – und zwar in erster Linie über sich selbst. »Warum kann ich nicht ein bisschen schlagfertiger sein?«, beschwerte sie sich.

Barbaras Dilemma ist ein gutes Beispiel für den Umgang mit der guten Fee. Doch ein Wunsch ist ein Wunsch und keine Beschwerde, darum muss Barbara ihr Anliegen neu formulieren und im Dialog mit der Fee konkretisieren: »Ich möchte schlagfertiger sein.«

»Und woran wirst du es merken, dass es so ist?«, wird sich die Fee erkundigen.

»Wenn ich feststelle, dass ich mich selbst über meine Antworten freue und gleichzeitig in verblüffte Gesichter sehe.«

»Und in welche Gesichter?«

»Vor allem in das von meinem Kollegen.«

Ach so! Um einen speziellen Kollegen geht es also. Nun weiß die Fee, was sie zu tun hat.

Natürlich wird man nicht dank eines Feenzaubers von einer Minute zur anderen so keck wie Holly Golightly. Dennoch kann man versuchen, es sich vorzustellen. Sie kennen die Technik bereits: Wir haben sie im 2. Kapitel »Wie Vorbilder wirken« vorgestellt. Entwerfen Sie einen kleinen inneren Film, wie es wäre, wenn sich Ihr Wunsch erfüllt hat. Was hätte sich verändert? Wie würde es sich anfühlen?

Wenn auch Sie schlagfertiger werden möchten und sich bislang als nicht sehr sprachgewandt erlebt haben, dann ist es sinnvoll, wenn Sie sich ein kleines Repertoire an Antworten zulegen, auf die Sie in der entsprechenden Situation zugreifen können. Oder glauben Sie etwa, jede witzige Wortparade würde erst in der Minute entstehen, in der sie ausgesprochen wird? Na also!

Unser Vorschlag für Barbara war genau dies: sich ein kleines inneres Nachschlagewerk im Gedächtnis anzulegen. Als gute Freundinnen halfen wir ihr natürlich dabei, es mit Ideen zu füllen. Die Liste möglicher Antworten ist abgespeichert, und nun muss Barbara nicht länger um passende Widerworte ringen, wenn ihr jemand schräg kommt.

Als Barbara sich bei der nächster Gelegenheit als schlagfertig erlebte, feierten wir das groß. »Und nun mache ich weiter!«, prostete sie uns zu. Im Laufe der Zeit stellte sie fest, dass ihr immer häufiger spontan schlagfertige Antworten einfielen. Sprachwitz lässt sich trainieren. Das macht Spaß und ist genau das Richtige für einen amüsanten Freundinnenabend.

Und was ihren nervenaufreibenden Kollegen angeht, hatte Barbara übrigens die beste Idee. »Wenn er das nächste Mal wieder etwas so waaahnsinnig Witziges zu mir sagt«, nahm sie sich vor, »dann werde ich einfach nur gütig lächeln. Sicher weiß er damit gar nichts anzufangen, und das verschlägt ihm dann den Atem.«

Eine gute Idee. Denn dieser Kollege ist offensichtlich sehr geübt auf dem sprachlichen Parkett. Hier zieht er seine schönsten Kreise. Welch ein wunderbarer Gedanke, ihm gelegentlich auf einer anderen Ebene zu begegnen! Schon jetzt muss Barbara lachen, wenn sie daran denkt. Ein gütiges Lächeln – eigentlich nichtssagend und doch so geheimnisvoll.

Probieren Sie es auch einmal, und machen Sie einen kleinen, feinen Selbstversucht: Reagieren Sie auf Anfragen, Witze oder Anspielungen nur mit einem koketten Augenzwinkern. Sagen Sie nichts, und lächeln Sie charmant.

Nehmen Sie einfach die Irritation wahr, die Ihr Gegenüber erfasst. Sie müssen nichts weiter machen, als zu lächeln, zu zwinkern – und abzuwarten. Barbara nennt diese Vorgehensweise geistiges Aikido: Man nutzt die Energie des Angreifers für persönliche Zwecke.

Es ist wunderbar, sich als immer vielfältiger zu erleben. So spüren wir, dass wir wachsen und uns entwickeln. Wir tragen so viele Facetten in unserer Seele. Zeigen wir uns, wie wir sind!

Positive Veränderung ist Entwicklung und Entfaltung

Gehören Sie zu den Menschen, die bereits beim Wort »Veränderung« innerlich zusammenzucken? Nichtsdestotrotz spüren Sie die Notwendigkeit einer Bewegung? Dann benennen Sie Ihren Weg doch einfach anders. Seufzen Sie nicht: »Ich muss mich verändern!« Sagen Sie stattdessen: »Ich möchte etwas Neues ausprobieren.«

Im Grunde möchte jeder Mensch so geliebt werden, wie er ist – auch von sich selbst. Wenn wir uns sagen: »Ich muss mich verändern«, dann schwingt darin mit: »Ich bin falsch«. Auf diese Weise verdammen wir unseren bisherigen Werdegang in Bausch und Bogen. Damit nehmen wir uns unser Selbstvertrauen und machen uns das, was wir bislang erreicht haben, madig. Das ist nicht gerade motivierend, oder?

Würden Sie so mit Ihrer besten Freundin umgehen? Doch wohl kaum! Nein, Sie würden sie ermutigen: Wahrscheinlich würden Sie hervorheben, was Ihre Freundin alles schon erreicht hat, Sie würde ihre Erfolge betonen, ihre Stärken – und dann darauf hinweisen, dass es nun an der Zeit ist, auf dem bislang Erreichten aufzubauen, um darüber hinauszugehen.

Machen Sie es mit sich selbst genauso. Das ist im Übrigen auch das ehrlichere Vorgehen. Sie haben in der Vergangenheit nichts falsch gemacht. Sie haben immer genauso gut agiert und reagiert, wie Sie es zu dem jeweiligen Zeitpunkt konnten. Früher hatten Sie keine Alternative zu Ihrem Verhalten. Doch Sie haben dazu gelernt und sich weiterentwickelt. Dass Sie jetzt bereit sind, über andere Wege nachzudenken, zeigt, dass Sie stärker geworden sind. Sie ruhen heute tiefer in sich als früher, das gibt Ihnen mehr Sicherheit, um neue Pfade einzuschlagen.

Heute sind Sie so weit, Ihre Möglichkeiten bewusst zu gestalten und frische Impulse aufzunehmen. Nichts wird grundlegend anders, aber alles wird grundsätzlich besser. Sie werden kein anderer Mensch, sondern Sie entfalten sich: Sie werden, was Sie sind.

Wie Sie diesen Prozess benennen, das liegt ganz bei Ihnen. Vielleicht sprechen Sie lieber von der *Erweiterung* Ihres bisherigen Repertoires oder von der *Abrundung* beziehungsweise *Vervollständigung* Ihrer Persönlichkeit? Oder wie wäre es mit einem *Relaunch* oder der *Überarbeitung Ihres Konzepts*?

Aber welches Wort auch immer Sie wählen, es sollte zwei zentrale Gedanken berücksichtigen:

1. Es muss würdigen, was Sie bereits sind: all das, was Sie ausmacht, was Sie über sich hinauswachsen ließ.
2. Das Wort muss in die Zukunft weisen.

Sie nehmen also das, was Sie bereits gut können, und erweitern dieses Konzept um neue Aspekte. Auf diese Weise bleiben Sie sich selbst treu – und nicht nur das: Sie *bereichern* sich und Ihr Leben.

Ist Ihnen schon einmal aufgefallen, dass wir uns oft die Veränderung einer Situation wünschen, es dann aber gar nicht bewusst registrieren, wenn dieser Wunsch in Erfüllung gegangen ist? Erst recht feiern wir diesen Erfolg nicht. Die meisten Menschen sind in diesem Moment schon wieder damit beschäftigt, nach neuen Missständen Ausschau zu halten.

Es ist wie damals, als wir noch kleine Mädchen waren und das Zeugnis mit nach Hause brachten: Die Zensuren in Mathe und Deutsch waren viel besser als im vergangenen Jahr – und doch sagten unsere Eltern nur: »Im nächsten Schuljahr solltest du dich in Erdkunde und Englisch mehr anstrengen.« Das war ganz schön frustrierend, nicht wahr?

Machen wir es also mit uns selbst nicht genauso! Nehmen Sie sich die Zeit, um geglückte Entwicklungen und erreichte Ziele zu genießen. Und zwar nicht nur die großen Erfolge, sondern ganz besonders die kleinen.

Feiern Sie kleine Erfolge ausgiebig – sie sind die Meilensteine auf dem Weg zu Größerem. Ohne die kleinen Dinge ginge gar nichts, deshalb haben sie ein großes Fest verdient.

Feiern Sie für sich allein, und feiern Sie mit anderen – also mindestens zweimal! Oftmals können Freunde und Vertraute unsere Weiterentwicklung viel bewusster erkennen als wir selbst. Und sie wissen, welchen Weg wir zurückgelegt haben, um an unser Ziel zu gelangen – sie können unseren Erfolg realistisch einschätzen. Wir selbst neigen ja oft eher dazu, so etwas herunterzuspielen. Also: Genießen Sie die Anerkennung, die Sie von anderen empfangen – und zollen Sie sich selbst Respekt: Sie haben es verdient.

Der richtige Zeitpunkt

Zur Selbstbestimmung gehört auch, den Zeitpunkt einer Bewegung, einer Weiterentwicklung selbst festzulegen. Manche Fragen oder Situationen bedrängen Sie und wollen eine Entscheidung, obwohl Sie das Thema im Augenblick noch gar nicht in Angriff nehmen können.

Manchmal sind uns einfach aus den unterschiedlichsten Gründen die Hände gebunden. Nehmen wir einmal an, Sie wollen sich weiterbilden. Für den nächsten Karriereschritt ist dies eine unumgängliche Maßnahme, und Sie möchten es auch sehr gern tun. Aber im Augenblick ist es Ihnen unmöglich: Vielleicht haben Sie ein kleines Kind und müssen sehr sorgfältig mit Ihrer Zeit umgehen, vielleicht haben Sie aber auch gerade den Job gewechselt und müssen sich zunächst einarbeiten. Dennoch drehen sich Ihre Gedanken ständig um die Frage der Weiterbildung, und Sie fühlen sich innerlich ganz zerrissen.

In so einem Fall gilt es, sich unabhängig zu machen von den inneren Antreibern. Dabei kann Ihnen die Übung auf der nächsten Seite helfen.

Es gibt Themen, da brauchen wir einfach Zeit, um einen Entschluss zu fassen, zum Beispiel:

- Eine Beziehung auflösen oder nicht?
- Jetzt ein Kind oder später?
- Umziehen oder hier wohnen bleiben?
- Kündigen oder weiterhin im alten Job arbeiten?
- Mich beruflich weiterentwickeln – aber wohin?

Entscheidungen, die unser ganzes Leben betreffen, sollten wir nicht übers Knie brechen. Wenn Sie sich sicher sind, was Sie wirklich wollen, dann ist es wunderbar, und Sie können das Thema angehen. Doch wenn Sie merken, dass sich sehr große innere Widerstände aufbauen, sobald Sie an eine Veränderung der Situation denken, dann ist es gut, wenn Sie einen Moment innehalten.

Nehmen Sie sich Zeit. Es kann sein, das Sie im Augenblick keine Lösung für Ihr Problem haben. Das ist in Ordnung. Auch wenn Sie meinen, Sie müssten unbedingt sofort etwas tun, ist es doch sinnlos zu agieren, wenn Sie nicht wissen, was der beste Weg ist. Blinder Aktionismus zerstört meist mehr, als er aufbaut.

Denken Sie noch einmal nach. Je umfassender Sie die Situation wahrnehmen und Ihr Zögern analysieren, desto bewusster

HOW TO GO LIGHTLY

Stoppen Sie Ihr Gedankenkarussell. Halten Sie es mitten im Lauf an. Fixieren Sie die einzelnen Gedanken, die Ihnen immer wieder durch den Kopf schießen, und notieren Sie sie auf einem Blatt Papier. Machen Sie das am besten in Form einer Tabelle. Etwas in Ihnen drängt Sie, diese Weiterbildung anzugehen? Dann halten Sie in einer Spalte die Vorteile fest, die sich durch diese Maßnahme ergeben würden. Schreiben Sie in die zweite Spalte die Gründe, die zurzeit dagegen sprechen.

Wenn Sie bei Ihrer Feststellung bleiben, dass die Weiterbildung eine gute Idee, im Augenblick aber nicht zu realisieren ist, dann vereinbaren Sie mit sich, dass Sie dieses Thema angehen, sobald sich die Umstände geändert haben. Setzen Sie sich zum Beispiel einen Termin, zu dem Sie noch einmal prüfen werden, ob die Zeit für einen Wandel gekommen ist.

Wenn es mehrere Themen gibt, die Sie bedrängen, dann machen Sie eine Prioritätenliste: Die wichtigsten Dinge haben nun einmal Vorrang.

Sollten Ihre bohrenden inneren Antreiber Sie wieder überfallen, können Sie sie auf Ihre Überlegungen und Ihre Zeitplanung verweisen. So verstummen auch hartnäckige Drängler.

schaffen Sie eine Distanz zur drängenden Frage und können objektiver urteilen – Sie gelangen auf die sogenannte Metaebene und betrachten Ihr Leben wie aus der Vogelperspektive. So zeigen sich Zusammenhänge und Konsequenzen oft viel deutlicher.

Treten Sie aus dem Alltagsgewühle heraus, erweitern Sie Ihr Blickfeld und erkennen Sie, wie sich eine Situation tatsächlich zusammensetzt. Das hilft Ihnen, unabhängiger und selbstbestimmter zu entscheiden.

Vielleicht ist es auch einfach noch nicht an der Zeit, ein Thema anzugehen. Entscheidungen und Entwicklungen wollen wachsen – das ist überall im Leben so. Wenn Sie Blumensamen ausstreuen, graben Sie ja auch nicht täglich das Beet um, nur um zu schauen, ob sich schon etwas tut. Nein: Sie warten ab – und eines Tages ist es dann so weit: Das erste zarte Grün zeigt sich.

Auch Samen, die in die Seele gesetzt werden oder als Impuls in eine Beziehung einfließen, brauchen ihre Zeit, um aufzugehen und sich zu entfalten. Selbstbestimmung bedeutet auch, sich nicht zu Entscheidungen drängen zu lassen und Geduld mit sich zu haben.

Geduld zu haben bedeutet nicht, eine Situation auszusitzen. Geduld ist vielmehr eine Gnade mit sich selbst.

Wir wissen nicht an jeder Kreuzung unseres Lebens, wohin unsere Reise nun gehen soll. Manchmal brauchen wir einen Moment, um den richtigen Wegweiser zu Tiffany zu finden.

Den Film ins Leben holen

Mit Spielfilmen ist das so eine Sache. Wir verlassen tief berührt oder völlig euphorisch das Kino und sind uns sicher: Dieser Film hat unser Leben verändert. In den nächsten Tagen sprechen wir mit Freunden und Vertrauten über unser Erlebnis, fassen unsere Gefühle in Worte, kaufen uns Erinnerungsstücke wie zum Beispiel Poster.

Doch wenn wir nicht weiterverfolgen, was der Film in uns zum Leben erweckt hat, dann wird die Erinnerung nach und nach verblassen. Wir begegnen ähnlichen Gefühlen bei vergleichbaren Spielfilmen, doch wenn wir auch diesmal unserer Sehnsucht nicht auf den Grund gehen und sie in unser Leben hineinholen, dann wird sich nichts ändern. Wir drehen Runde um Runde, werden berührt, vergessen wieder, werden erneut berührt und wieder verblasst die Erinnerung. Zurück bleibt nur eine Leere.

Aber Sie haben sich entschieden, aus diesem Kreis auszubrechen. Sie möchten Ihre Träume realisieren. Das ist eine wunderbare Entscheidung. Was können Sie tun, um Ihre Träume und Wünsche nicht zu vergessen?

10 kleine Erinnerungsstützen:

- Wählen Sie Symbole, die Sie an Ihren Weg erinnern.
- Machen Sie sich die Momente stärker bewußt, die Ihnen glücken – obwohl oder gerade weil Sie merk-würdig sind.

- Fragen Sie Ihre innere Holly, was sie Ihnen empfehlen würde.
- Denken Sie sich weniger in andere Köpfe und häufiger in Ihr eigenes Herz. Das zeigt Ihnen die Richtung, in die es geht.
- Betrachten Sie die Kritik anderer Menschen als ein Angebot. Sie können das Angebot annehmen oder ablehnen. Aber vielleicht ist ja ein guter Tipp dabei.
- Weihen Sie Ihre besten Freundinnen und Ihren Partner ein, dass Sie etwas Neues im Leben wagen wollen. Verraten Sie aber nicht gleich alles.
- Ermutigen Sie sich zu lernen und zu probieren.
- Nörgeln Sie nicht an sich herum.
- Vergessen Sie nie, dass Fehler und Fragezeichen zum Leben dazugehören. Ihre und auch die von anderen Menschen.
- Öffnen Sie der Neugier in Ihrem Leben die Tür und geben Sie ihr einen schönen Platz.

Ist *Frühstück bei Tiffany* eine Liebesgeschichte, oder nicht? Beides trifft zu. Im Buch ist es keine Liebesgeschichte, im Film ja. Wir können das Happy End des Films so verstehen, dass uns vieles glückt, wenn wir authentisch sind, wenn wir zu uns stehen, unsere blinden Flecken akzeptieren und nicht wilden Träumen nachlaufen, sondern uns das Leben zu einem wilden Traum gestalten. Unser Leben wird dann reich und wertvoll und wer weiß, vielleicht kommt dann ein Paul daher, der Paul sein darf und nicht den Fred geben muss, damit wir ihn lieben.

Nachwort

Mit dem wunderbaren und legendären »kleinen Schwarzen« beginnt der Film *Frühstück bei Tiffany* – und mit diesem Juwel der Stilgeschichte endet dieses Buch. Zufällig fiel die Versteigerung dieser weltbekannten Filmrequisite zugunsten der Stiftung »City of Joy Aid« in die Entstehungszeit dieses Buches.

Das wohl aufregendste Kleidungsstück von Holly Golightly wurde im November 2006 im Londoner Auktionshaus Christie's versteigert. Es erzielte einen Rekordpreis von fast 700 000 Euro und ist damit zum teuersten Kleidungsstück der Filmgeschichte geworden.

Das gute Stück ist mittlerweile in die Jahre gekommen. Vor rund 50 Jahren wurde es von Givenchy speziell für Audrey Hepburn kreiert.

Die Handschuhe wurden übrigens auch erworben. Aber leider ist nicht bekannt von wem. Doch eines ist klar: Es dürfte sich um einen glühenden Verehrer von Holly Golightly handeln.

Wieder ist es dieser zauberhaften Gestalt gelungen, einen Traum wahr zu machen – mit einem Charme, der die Jahrzehnte überbrückt.

Register

Accessoire 129
Ansprüche 107 f., 110–115
Arroganz 137–139
Astrologie 86
Auffallen 72, 96, 126
Ausstrahlung 47–61, *siehe auch* Charisma
Authentizität 62, 72–77, 128, 131 f., 169, 203

Bacall, Lauren 114
Bedingungen 109-113
Begleitung 149-151
Bergmann, Ingrid 149
Beruf 23, 39 f. 63, 81, 85, 89, 94, 103, 144, 155, 160, 170, 172 f., 176, 181, 184 f., 190, 199, *siehe auch* Kollegen
Beschützerinstinkt 64
Bildung 148
Blinder Fleck 164-179, 203
Brandt, Willi 58

Callas, Maria 58
Capote, Truman 10, 18 f.
Charisma 47, **57-63**, *siehe auch* Ausstrahlung
Charme 63-71
Charming-Faktor 65
Clinton, Hillary 24
Coaching 170 f., 191

Dalai Lama 58
Deneuve, Cathérine 147
Dietrich, Marlene 131, 147
Disney, Walt 35
Diva 72, 131, 145, 147
Doppelbotschaft 108
Dummheit 64

Einsamkeit 184
Ehrgeiz 175
Einfühlungsvermögen *siehe* Emphatie
Eltern 83-85
Empathie 161 f.
Emanzipation 145
Endorphine 118
Entscheidungen fällen 86-88, 199
Ergebniserwartung 31
Exotik 130-134
Exzentrik 19, 47, 153
Familie 39 f., 81, 89, 113, 145, 173, 188

Flirt 68
Frauenbild 20
Frechheit 122-124
Fremdbild 169, 171, 175 f.
Freunde 152-162
Freundschaftspflege 156-162
Führungskräftetraining 33

Garbo, Greta 131, 134
Geduld 201
Gefallen 68-71
Gelassenheit 47, 68 f., 72 f., 87 f.
Geld 142-145
Gehaltsverhandlung 143
Ghandi, Indira 58
Glamour 66, 127, **145-151**
Glückshormone *siehe* Endorphine
Grabel, Betty 114
Grenzen
– anderer 106 f.,
– die eigenen 138 f., 185
Griffith, Melanie 85

Hari, Mata 134
Hautevolee 148
Helfen 71, 159
Hepburn, Audrey 9, 12, 15, 19 f., 38, 58, 204
Herzensöffner 66
Higham, Charles 20
Hilton, Paris 21, 51
Humor 45, **117-122**

Identitätsfindung 189

Jolie, Angelina 131

Kennedy, John F. 58
Kennedy-Onassis, Jaqueline 19, 148
Killerphrasen 104
Kindheit 31, 83-85, 97, 197
Kindchenschema 64
Körpergefühl 60
Körpersprache 108
Kollegen 79 f., 92, 143, 155 f., 159 f., 172, 189, 192, 194 f., *siehe auch* Beruf
Kommunikation 54, 60, 108, 110, 148
Kompetenzerwartung 31
Kompliment 64, 66
Kontaktanzeige 151
Konversation *siehe* Kommunikation
Kosenamen 164

LaChapelle, David 21
Lachen 117-122
Lächeln 66 f., 117, 121
Langstrumpf, Pippi 134
Leitbilder *siehe* Vorbilder
Lerntheorie 31
Luxus 139-142

Macht 57-59, 64, 137 f.
Madonna 131
Marotten 135 f.
Männer 58, 96, 110
Merk-Würdigkeit 134-137
Mode 127
Monaco, Stéphanie von 150
Monroe, Marilyn 19, 114, 147
Moss, Kate 150

Naivität 64

Natürlichkeit 97, 99
Netzpflege *siehe* Freundschaftspflege
Neinsagen 91-95
Napoleon 58

Offenheit 60, **115-117**
One-Night-Stand 89

Pubertät 31, 79, 85, 189
Pünktlichkeit 147
Prioritätenliste 200
Prophezeiung, sich selbsterfüllende 33, 114

Resonanz-Verhältnis 107
Roberts, Julia 85
Rossellini, Roberto 150

Schlagfertigkeit 192-195
Schneider, Romy 19
Sehnsucht 12 f., 22-25, 28-30, **38-44**
Selbstbestimmung **183-189**, 192, 201
Selbstbewusstsein 45, 53, 60, 185
Selbstbild 51, 169, 171, 175 f.
Selbstironie 122
Selbstsicherheit 45, 48, 56, 73, 80, 187, 196
Selbstwahrnehmung 165
Selbstwertgefühl 59 f.
Selbstzweifel 102-107
Sex and the City 23
Sexappeal 100 f.
Small Talk 56, 76, *siehe auch* Kommunikation
Spontaneität 89-91
Stärken-Schwächen-Profil 169-179
Stil 74 f., **126-132**, 136, 146-148
Streit 174 f.
Stresshormone 118
Städtereise 90 f.

Training, mentales 33

Unbekümmertheit *siehe* Gelassenheit

Verkaufsschulung 33
Veränderung 30, 86-88, **190-201**
Versandhandel 124
Visualisierung 30-35, 62
Vorbilder **22-45**, 82, 189

Wandlungen 86-88, 104, 200
Weaver, Sigourney 23
Weiterbildung 198-200
Willemsen, Roger 68
Wirkung, eigene *siehe* Ausstrahlung
Wünsche 13, 23, 28, 62 f., 101, 107 f., 109, 112 f., 115, 140, 168, 197, 202, *siehe auch* Sehnsucht

Unabhängigkeit *siehe* Selbstbestimmung

Vogelperspektive 201

Wut 178

Ziele 27, 30 f., 94, 150, 193, 198
Zuhören 162, 173, 177
Zuschreibung 82–85

Christine Weiner, Carola Kupfer
Das Pippilotta-Prinzip
Ich mach mir die Welt, wie sie mir gefällt
2006 · 208 Seiten
ISBN 978-3-593-37768-1

Frech, respektlos, mutig – und viel Spaß dabei!

Jeder kennt sie aus der Kindheit: Pippilotta Viktualia Rollgardina Pfefferminz Efraimstochter, kurz: Pippi Langstrumpf. Und fast jedes Mädchen hat sie für ihre Abenteuerlust geliebt, für ihre freche Art bewundert. Was spricht dagegen, diese Träume 20 Jahre später zu träumen – und diesmal wahr zu machen? Die beiden Autorinnen wecken nicht nur wunderbare Erinnerungen an die Villa Kunterbunt, an den Limonadenbaum oder an Herrn Nilsson, sondern zeigen auch, wie wunderbar und witzig das Leben sein kann, wenn man es gelegentlich mit etwas weniger Respekt betrachtet!

Gerne schicken wir Ihnen unsere aktuellen Prospekte:
vertrieb@campus.de · www.campus.de
campus